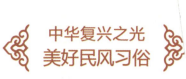

中华复兴之光
美好民风习俗

九九重阳佳节

梁新宇 主编

汕头大学出版社

图书在版编目（CIP）数据

九九重阳佳节 / 梁新宇主编. -- 汕头：汕头大学
出版社，2017.1（2023.8重印）
（美好民风习俗）
ISBN 978-7-5658-2817-1

Ⅰ．①九… Ⅱ．①梁… Ⅲ．①节日－风俗习惯－中国
Ⅳ．①K892.1

中国版本图书馆CIP数据核字(2016)第293494号

九九重阳佳节　　　　　　JIUJIUCHONGYANG JIAJIE

主　　编：梁新宇
责任编辑：邹　峰
责任技编：黄东生
封面设计：大华文苑
出版发行：汕头大学出版社
　　　　　广东省汕头市大学路243号汕头大学校园内　邮政编码：515063
电　　话：0754-82904613
印　　刷：三河市嵩川印刷有限公司
开　　本：690mm×960mm　1/16
印　　张：8
字　　数：98千字
版　　次：2017年1月第1版
印　　次：2023年8月第4次印刷
定　　价：39.80元
ISBN 978-7-5658-2817-1

前　言

党的十八大报告指出："把生态文明建设放在突出地位，融入经济建设、政治建设、文化建设、社会建设各方面和全过程，努力建设美丽中国，实现中华民族永续发展。"

可见，美丽中国，是环境之美、时代之美、生活之美、社会之美、百姓之美的总和。生态文明与美丽中国紧密相连，建设美丽中国，其核心就是要按照生态文明要求，通过生态、经济、政治、文化以及社会建设，实现生态良好、经济繁荣、政治和谐以及人民幸福。

悠久的中华文明历史，从来就蕴含着深刻的发展智慧，其中一个重要特征就是强调人与自然的和谐统一，就是把我们人类看作自然世界的和谐组成部分。在新的时期，我们提出尊重自然、顺应自然、保护自然，这是对中华文明的大力弘扬，我们要用勤劳智慧的双手建设美丽中国，实现我们民族永续发展的中国梦想。

因此，美丽中国不仅表现在江山如此多娇方面，更表现在丰富的大美文化内涵方面。中华大地孕育了中华文化，中华文化是中华大地之魂，二者完美地结合，铸就了真正的美丽中国。中华文化源远流长，滚滚黄河、滔滔长江，是最直接的源头。这两大文化浪涛经过千百年冲刷洗礼和不断交流、融合以及沉淀，最终形成了求同存异、兼收并蓄的最辉煌最灿烂的中华文明。

五千年来，薪火相传，一脉相承，伟大的中华文化是世界上唯一绵延不绝而从没中断的古老文化，并始终充满了生机与活力，其根本的原因在于具有强大的包容性和广博性，并充分展现了顽强的生命力和神奇的文化奇观。中华文化的力量，已经深深熔铸到我们的生命力、创造力和凝聚力中，是我们民族的基因。中华民族的精神，也已深深植根于绵延数千年的优秀文化传统之中，是我们的根和魂。

　　中国文化博大精深，是中华各族人民五千年来创造、传承下来的物质文明和精神文明的总和，其内容包罗万象，浩若星汉，具有很强文化纵深，蕴含丰富宝藏。传承和弘扬优秀民族文化传统，保护民族文化遗产，建设更加优秀的新的中华文化，这是建设美丽中国的根本。

　　总之，要建设美丽的中国，实现中华文化伟大复兴，首先要站在传统文化前沿，薪火相传，一脉相承，宏扬和发展五千年来优秀的、光明的、先进的、科学的、文明的和自豪的文化，融合古今中外一切文化精华，构建具有中国特色的现代民族文化，向世界和未来展示中华民族的文化力量、文化价值与文化风采，让美丽中国更加辉煌出彩。

　　为此，在有关部门和专家指导下，我们收集整理了大量古今资料和最新研究成果，特别编撰了本套大型丛书。主要包括万里锦绣河山、悠久文明历史、独特地域风采、深厚建筑古蕴、名胜古迹奇观、珍贵物宝天华、博大精深汉语、千秋辉煌美术、绝美歌舞戏剧、淳朴民风习俗等，充分显示了美丽中国的中华民族厚重文化底蕴和强大民族凝聚力，具有极强系统性、广博性和规模性。

　　本套丛书唯美展现，美不胜收，语言通俗，图文并茂，形象直观，古风古雅，具有很强可读性、欣赏性和知识性，能够让广大读者全面感受到美丽中国丰富内涵的方方面面，能够增强民族自尊心和文化自豪感，并能很好继承和弘扬中华文化，创造未来中国特色的先进民族文化，引领中华民族走向伟大复兴，实现建设美丽中国的伟大梦想。

目录

节流衍化

　　农历九月初九，为我国的传统节日重阳节。因为《易经》中把"六"定为阴数，把"九"定为阳数，九月初九，日月并阳，两九相重，故而叫重阳，也叫"重九"。重阳节又名"登高节""菊花节""茱萸节""老人节"等。

　　重阳节是杂糅多种民俗为一体而形成的我国传统节日。庆祝重阳节的活动一般包括出游赏景、登高远眺、观赏菊花、遍插茱萸、吃重阳糕、饮菊花酒等活动。

　　因为九与"久"同音，在数字中又是最大数，有长久长寿的含义。因此，重阳佳节，寓意深远，人们对此佳节历来有着特殊的感情。

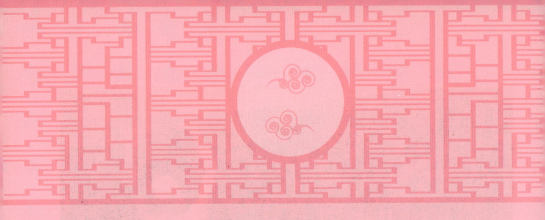

先民们崇拜火神以祈福求寿

传说在上古时期的农耕社会，每年农历的九月，农事已经基本完毕，这时的华夏先民往往把丰年庆典和祭神祀祖等活动安排在这个月

进行。

据我国最早的古代百科全书《吕氏春秋·季秋纪》记载，在农历九月农作物丰收之时，先民们有飨天帝、祭恩祖的活动。这一习俗发展到战国时期，逐渐被条令化和典章化。

由于这是一种丰年庆祝活动，所以农历九月庆典习俗明显带有饮酒狂欢的色彩和特点，有着大量娱乐内容，如祭神、飨帝、田猎、野宴等。

原始社会时期，人们对火和火神非常崇拜，因为有了火，才使人类与动物界彻底区分开。火在促进人类的发展上，起着至关重要的作用，对于人类的社会生产活动有着重大的影响。

火的应用，使先民们较早地认识了它的功用以及和自身的利害关系，从而对火产生了敬畏之心，并当作神灵加以崇拜。

为了表达对火神的尊敬和爱戴，人们把天上最亮的心宿二星看做是火神的化身，称其为"大火星"，并把它当作热冷季节转换的标志。后来，人们通过观察大火星出没的位置，来确定季节的转换。

公元前3000年左右的颛顼时代，专门设立了"火正"的官职，掌管民事并观测大火星的运行规律。

颛顼去世后，帝喾即位，任命重黎任火正一职。重黎用火来教化民众，德被四方，对改善民众生活做出了巨大贡献，重黎被称为能够"光融天下"。重黎去世后，帝喾封他为火官之神，后来民间称他为"火神祝融"。

祝融居住在南方的尽头衡山，他传下火种，教人们用火的方法，祝融指挥自己的子孙刀耕火种，点燃火把，驱散了漫长黑夜，烧熟食物，结束了茹毛饮血的时代。

祝融还是一个音乐家，他经常在高山上奏起悠扬动听、感人肺腑的乐曲，名为《九天》，乐曲使黎民百姓精神振奋，情绪高昂，对生活充满热爱。

祝融以后，火正一职就专门负责观测大火星。通过观察人们发现，每年的农历九月，大火星逐渐隐退，寒冷逐渐来临，此时妖魔横行，且食物不足，许多人都会在严寒中死去，所以古人称之为"阳九之厄"。所以，东晋葛洪所著的《西京杂记》云："三月上巳，九月重阳，仕女游戏，就此被禊登高。"

在巫术盛行的时代，人们习惯于创造一些带有象征性的习俗，以达到避邪消厄的目的。其中，最便于流传的是佩俗和食俗，而这正是后世重阳节诸多食俗和佩俗的源头。这些祭祀活动，成为我国社会农耕文明的重要组成部分。

知识点滴

我国最早的农事历书《夏小正》称"九月内火"，意即农历九月时大火星要休眠。大火星的退隐，不仅使一向以大火星为季节生产与季节生活标志的古人失去了时间的参照，同时使那些视大火奉若神明的先人们产生了莫名的恐惧，他们认为火神的休眠意味着漫漫长冬的到来。

为了表达对火神的喜爱、尊敬，并祈求火神早日重回人间，驱走长冬的寒冷，给人们带来光明和热量，先人们在农历九月"内火"时举办各种仪式来祭奠火神，辟邪消厄，祈求保佑。参加祭祀的人们用敲打木棒、石块和吟诵悼念之词等多种古老的方式来祭祀火神。

这种火神崇拜与祭祀仪式，成为后来求长生、辟灾邪等习俗的主要来源。因此，有人把重阳节也称作死亡节，把它和三月三复活节联系在一起，相互之间存在着对应的关系，构成了一组特定的节日系统。

升仙信仰转而化成登高习俗

自盘古开天辟地以来，虽然天和地相距九万里，但是人们还是可以沿着天梯一步一步登天，天上的神仙也可以由天梯下到人间。

直至颛顼帝时，他觉得神和人不分出界限，可以相互往来，弊多利少，于是命重、黎两人把天地间的通路隔断，叫人上不了天，叫神也不能再随便下到人间。

重和黎遵命行事，一个把天托起来，尽力往上推。一个把地按住，努力朝下压。这样一来，本来相隔还不是特别远的天地，从此就相隔遥远了。天地分开之后，颛顼就命令天神重专门管理天，而命令天神黎专门管理地。绝地天通之后，虽然天上的神还可以通过法力下凡，但地上的人却再也没有办法上天去了。

于是，在整个上古时期人们就一直认为昆仑山是天地相通的物质通道。在道家的论文集《淮南子·地形训》中谈到昆仑山以及其上的一系列神奇之所：

> 昆仑之丘，或上倍之，是谓凉风之山，登之而不死；或上倍之，是谓悬圃，登之乃灵，能使风雨；或上倍之，乃维上天，登之乃神，是谓太帝之居。

先民们认为，这里的昆仑山俨然是一条"上天的阶梯"。通过昆仑、凉风之山、悬圃和天，就能够达到"太帝之居"，他们能够长生不死，能够呼风唤雨而成神。

后来的先民们仍然坚信通天道路的存在。认为世间一定有一种途径能够达到天界，人在能够满足一定条件的情况下就能通过一条神秘的通道登天成仙。

为了寻找这种机缘，寻求通天升仙的道路，人们在九月时登高祭天，希望能够接近天神，让天神听到祈求升天的声音。

在我国断代史《汉书·明仪》中就记载有通天台的传说：

通天台高三十丈，望云雨采在其下，去长安三百里，望见长安城。黄帝以来祭天圆丘处。武帝祭天，上通天台，舞八岁童女三百人。置祀祠，招仙人，祭天已，令人升通天台以候天神。

也有以树为天梯的，《山海经》记载：

有木，其状如牛。引之有皮，若璎，黄蛇。其叶如罗，其实如栾，其木若蓲。

由此上述可见，为通天升仙而登高应该是先民的重要习俗或原始信仰。

至先秦时期，人们在农历九月登高的目的有了变化。那时的人们认为天地间的阴阳二气交合才能化生万物，有万物才能产生男女、夫妇、父子、君臣、上下、礼仪，万物离开天地就无法生存，天地是产生万物的根源，所以古人非常尊崇天地，敬重礼拜天地，形成了按节气定期祭天地的礼仪制度。

上古时期，原始先民们最早登高是为了通天升仙，九月初九这一天，清气上扬、浊气下沉，地势越高，清气聚集得越多，登临高处自然就可以乘清气而升天。但事实上是不可能的，于是求仙、升天便转为祈寿。使得祈寿求福成为农历九月初九节日的一个重要主题。

也有古人认为"九为老阳，阳极必变"，农历九月初九，月、日均为老阳之数，不吉利，而敬拜山神则能使人免除灾害，因而最初的登高应该源于古代人们对山神的崇拜，在重阳节前往山上游玩，还要祭拜山神以辟不祥、求长寿，后来才逐渐转化成为一种娱乐活动。

这些祭祀活动，相沿成习，九月的祭祀活动就固定了下来，逐渐形成了一个传统的节日。

古人将山岳神化而加以崇拜。从山神的称谓上看山神崇拜极为复杂，各种鬼怪精灵皆依附于山。最终，各种鬼怪精灵的名称及差异分界都消失了，或者你中有我，我中有你而互相融合了。演变成了当时每一地区的主要山峰皆有人格化了的山神居住。

虞舜时即有"望于山川，遍于群神"的祭制，传说舜曾巡祭泰山、衡山、华山和恒山。

历代天子封禅祭天地，也要对山神进行大祭。祭山时大多把玉石和玉器埋于地下，也有用"投"和"悬"的祭法，所以人们在重阳之际祭拜山神的时候，往往会将祭品如鸡、羊、猪或玉石等投入山谷或悬在树梢。

知识点滴

九月庆典固定在九月初九

　　商朝末期，西伯侯姬昌创作了我国古代哲学书籍《易经》。在《易经》中把"六"定为阴数，把"九"定为阳数，以数术推算天地万物的变化，预测人的吉凶祸福。三之数代表乾，六之数代表坤，两项结合为九之数，则代表乾坤，即天地万物。

　　九数老阳，为最高阳数，或称阳之极，是标志事物向反方向变化

发展的起点。而农历九月初九，正是两个最高阳数之重合，故称"重阳"，也叫重九，意味着在这一天天地万物将要发生重大的变化。

　　因为《易经》这种解释的流行，使在先秦时期流传已久的九月丰年各种庆典和

祭祀活动有了一个固定的日期，即农历九月初九这一天。

后来，我国古代百科全书《吕氏春秋·季秋纪》记载：

> 九月命家宰，农事备收，举五种之要。藏帝籍之收于神
> 仓，祇敬必饬。是日也，大飨帝，尝牺牲，告备于天子。

可见当时已有在农历九月农作物丰收之时祭飨天帝、祭祖，以谢
天帝、祖先恩德的活动，用以感谢天地赐予的丰收。

战国时期，楚国著名诗人屈原《远游》里写道：

> 集重阳入帝宫兮，造旬始而观清都。

这里首次出现"重阳"一词，但是在当时重阳还不是一个节日。

此时，在重阳有了佩茱萸的习俗，这个习俗起源于吴楚。当时，

实力弱小的吴国每年必须向强邻楚国进贡，其中有一年派出使者，将本国特产吴萸作为药材献给楚王。楚王不识吴萸为何物，反认为是吴国在戏弄他，于是大发雷霆，并把吴国使者赶了出去。

楚王身边有位姓朱的大夫，问吴国使者惹怒楚王原因。使者说，吴萸乃吴国上等药材，有温中止痛、降逆止吐之功效，善治胃寒腹痛、吐泻不止等症。因素闻楚王有胃寒腹痛的痼疾，故而献之。朱大夫听罢，就把吴萸收下，并精心保管起来。

次年，楚王旧病复发，腹痛如刀绞，群医束手无策。朱大夫见时机已到，取出吴萸煎熬后献给楚王服下，片刻后楚王的肚子就不痛了，楚王大喜，重赏朱大夫，并询问药的由来。朱大夫便把吴国使者献药之事一一叙述。楚王听后，非常懊悔，一面派人携带礼品向吴王道歉，一面命人广植吴萸。

又过了几年，楚国瘟疫流行，腹痛病人遍布各地，全靠吴萸挽救了成千上万百姓的性命。楚国百姓为感谢朱大夫的救命之恩，便把吴萸改称吴茱萸。

后来，楚地的人们，把茱萸的药用功能神秘化，并把茱萸看作是能够辟邪除魔的神物，而用作装饰物或随身佩戴。屈原在《离骚》中的写道：

> 椒专佞以慢韬兮，
> 椒又欲充夫佩帏。

吴茱萸一是花房艳丽，给人以很强的视觉上的美感。二是香味浓烈，是很好的提神植物。三是吴茱萸具有药用价值，我国传统医药理论认为它有治寒驱毒的功效。茱萸叶可治霍乱，根可以杀虫。茱萸有微毒，有除虫作用，制茱萸囊的风俗正是由此而来。

与此同时，大多数人已经在开始关注菊花了。最早的菊花记载见于《周官》和《埤雅》。《礼记·月令篇》：

> 季秋之月，鞠有黄华。

这是说，菊花开放的时间是每年秋天的秋末，农历九月份，所以菊花也叫"秋花"。

菊花的"菊"字，在古代是"穷、尽"的意思，是说一年之中花事到此结束，菊花的名字就是按照它的花期来确定的。

我国第一部诗歌总集《诗经》和屈原的浪漫主义的政治抒情诗《离骚》中都有菊花的记载。屈原在《离骚》中写道：

> 朝饮木兰之堕露兮，夕餐秋菊之落英。

在《惜诵》中屈原还说种香菊的目的是待到春天当干粮用，明白地写出以菊花糕作养生的食物。

播江离以滋菊兮，原春日以为糗芳。

在《东皇太一》一诗中，屈原还写道：

奠桂酒兮椒浆。

椒浆就是茱萸酒，与桂花酒一起祭奠东皇太一神。此时人们已经意识到菊花的妙用，并食菊花来表达不与世俗同流合污的高尚气节。

知识点滴

《周礼》记载，君王四季田猎，分别称作春搜、夏苗、秋狝、冬狩，作为礼仪的田猎被后来的统治者沿袭了下来。我国古代第一部典章制度书籍《礼记·月令》里也记载着古代帝王九月狩猎练武的制度。

在战国之前，狩猎是军事大典，为练兵的综合演习。有一年，赵国在边境上集结了大批的军队。魏王以为是赵军要进攻魏国，便要调兵遣将以为防备。

魏公子无忌的情报灵通，得知是赵王狩猎，这才免去了一场惊慌。一个诸侯王的狩猎就和打仗一样，说明了其规模之大，随着军事战术的变化，狩猎不再作为阅军的大典，而变成为重阳节骑马练兵、讲武习射的节日。

食俗和佩俗在民间的传播

　　至西汉初期，重阳节进一步融合了多种民俗因素及神秘观念，逐渐确定了避邪求寿和秋季狂欢的节日内涵，过节的形式也逐渐确定为登高、宴饮、吃糕、赏菊和佩戴茱萸。

　　后来，这些食俗和佩俗得到流传，并由宫廷传入了民间，逐渐地节日化和世俗化，变成了大众性的节日。

　　西汉的开国皇帝汉高祖刘邦的老家在江苏沛县，原为楚国地区，受楚风俗影响很深，

因而对过重阳节的习俗很熟悉、也很是喜爱。

古代地理书籍《三辅黄图》记载，每年农历九月初九，汉高祖刘邦和宠姜戚夫人在长安宫里，边饮菊花酒边下棋，有说法是：

胜者终年有福，负者终年疾病，取丝缕就北斗星辰求长命乃免。

后来，戚夫人的贴身侍女贾佩兰出宫后，把宫中重阳节习俗带到了民间，重阳节逐渐成为了一个全国性的节日。

《西京杂记》中记还记载了宫人贾佩兰的话：

九月初九佩茱萸食蓬饵，饮菊花酒，令人长寿。

后来的《长安志》记载，

汉代京城长安郊外有一小高台，每年的农历九月初九，人们登高台游玩观景。

到了东汉，各地流传着许多重阳节的民间传说，明确记载重阳节的具体时间和各种习俗。较早有关重阳节的传说，见于南朝梁吴均的《续齐谐记》，书中记载：

> 汝南桓景随费长房游学累年，长房谓之曰：九月九日汝家当有灾厄，急宜去，令家人各作绛囊，盛茱萸以系臂，登高饮菊酒，此祸可消。景如言，举家登山，夕还家，见鸡狗牛羊一时暴死。长房闻之曰：代之矣。今世人每至九日登高饮菊酒，妇人带茱萸囊是也。

传说在东汉时期，河南汝河两岸突发瘟疫，百姓死者十居八九。人们纷纷传说，在汝河里住着一个瘟魔，每年都会出来传播瘟疫，危害人间。

　　汝南有个人名叫桓景，他决心替乡民除害，他打听到东南山中住了一个叫费长房的神仙，他就毅然决定前去拜访。

　　桓景翻越了千山万水，历尽千辛万苦，终于找到费长房的仙居，他恭恭敬敬地在门口跪了两天两夜。到了第三天，大门忽然开了，一个白发老人笑眯眯地对他说："我已知道你为民除害心切，快跟我进院吧！"

　　仙人费长房给了桓景一把降妖青龙剑，并让他练习降妖的法门。

　　有一天，桓景正在练剑，费长房走过来对他说："今年九月九，汝河瘟魔又要出来害人。你赶紧回乡为民除害，我给你茱萸叶子一包，菊花酒一瓶，让你家乡父老登高辟祸。"说完，仙人就用手招来一只仙鹤，把桓景载送回了汝南。

　　农历九月初九那天，桓景带着全村老少登上了附近的一座山，还把茱萸叶子分给每人一片，让瘟魔不敢近前。他又把菊花酒倒出来，让每人喝一口以辟瘟疫。待一切安排妥当后，桓景带着降妖青龙剑回到村中等着斩杀瘟魔。

不一会儿，只见汝河里狂风怒吼，瘟魔果然出水走上岸来。瘟魔四处搜索，发现人们都在山上欢聚，就冲到山下，却被酒气及茱萸的香味吓得不敢上前了。

瘟魔一回头，又看见桓景抽出宝剑与它怒目而视。桓景和瘟魔斗了几个回合，瘟魔斗不过桓景，于是转身就跑。桓景"嗖"的一声抛出宝剑，宝剑闪着寒光，一眨眼就把瘟魔钉死在了地上。

从此，汝河两岸的百姓，再也不受瘟疫的侵袭了。人们便把农历九月初九登高避祸的习俗，一代代地传了下来，这才逐渐形成了后来的重阳节。

古时菊花酒，是头年重阳节时专为第二年重阳节酿制。农历九月初九这天，采下初开的菊花和一点青翠的枝叶，掺和在准备酿酒的粮食中，然后一齐用来酿酒，第二年农历九月初九饮用。

传说喝了这种酒，可以延年益寿。从医学角度看，菊花酒可以明目、治头昏、降血压，有减肥、轻身、补肝气、安肠胃、利血之妙。

时逢佳节，清秋气爽，菊花盛开，窗前篱下，片片金黄。除登高插茱萸外，亲友们三五相邀，同饮菊酒，共赏黄花，确实别有一番情趣。尤其是诗人们，赏菊饮酒，吟诗唱酬，给后世留下不少佳句。

知识点滴

东汉重阳公主的美丽传说

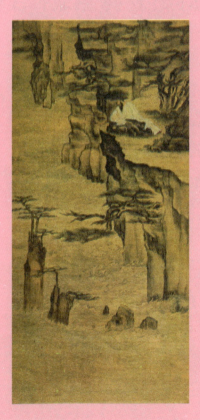

东汉安帝年间，宫中的李娘娘身怀六甲，但是却遭到以东宫太后的迫害，不得已拖着怀孕的身子离开了皇宫。李娘娘一路上东躲西藏，终于到了洛阳以西、伏牛山以南的重阳店，隐姓埋名，过起了平淡的生活。

不久以后，李娘娘就生下了一个水灵可爱的女儿，因为这一天正逢农历九月初九，所以李娘娘给孩子取名为重阳女。

李娘娘历尽艰辛，终于把重阳女养大成人，这期间日子虽然过得清苦，但是却也其乐融融。

谁料天有不测风云，人有旦夕祸福，

突然而来的一场大瘟疫打破了她们孤儿寡母清贫宁静的生活，李娘娘和村里的百姓都未能幸免。

身患重病的李娘娘在临终前，将重阳女叫到自己的床榻旁，把自己的身世一五一十地全部告诉了重阳女，并把安帝赠送给自己的玉佩传给了女儿，让她找机会讨回公道。可是，李娘娘还没有把话说完，就去世了。

安葬了母亲之后，重阳女到处拜师学艺，立志要斩除这天下所有的瘟魔，为母亲洗清冤屈。

有一位道人被她的精神所感动，就精心传授给了重阳女一套剑法，并说这天下的瘟魔不外乎有4个弱点，一是怕红色，二是怕酒气，三是怕刺激气味，第四就是怕高声了。并让重阳女在来年农历九月初九瘟魔重现时见机行事，为民除害。

此后，重阳女就安心待在道人这里，潜心研究和练习剑法，技艺

日益精湛，看得道人连连点头。

第二年农历九月初九这天，重阳女根据道人的吩咐，组织附近的百姓登上云彩山。她让女的头上插上红茱萸，茱萸果为红色，叶子散发出一种怪味，让男的喝菊花酒。重阳女还告诉大家，瘟魔一出现就齐声高喊：

铲除瘟魔，天下太平。

一会儿，瘟魔果然来了。瘟魔见到红色，闻到酒气和怪味，听到阵阵喊声，吓得缩成一团。重阳女见机会来了，举剑便刺，但是瘟魔毕竟道行很深，很轻松就躲过去了。

重阳女见势，一面组织人们高声呐喊，一面重新对瘟魔发起了进攻。瘟魔被人们的声音震得一阵阵心慌，一不小心，就被重阳女刺死了。

　　这件事一传十十传百，成了人们争相传说的奇事。这件事情传到京城，传到了皇帝的耳朵里，安帝很好奇，就派官员到重阳店视察，官员见到重阳女和玉佩，了解情况后，就报告了安帝。

　　安帝于是召重阳女进京相见，安帝看着玉佩听完重阳女的诉说，父女俩拥抱大哭了一场。后来，安帝决定彻查此事，最终查明了真相，还了李娘娘一个公道。后来，安帝还专门为李娘娘修了娘娘庙，并封重阳女为重阳公主。

　　安帝要留重阳女在宫中，重阳公主以母亲葬在重阳店逢节要去祭奠为由，执意要回到重阳店生活。安帝看重阳公主去意已决，并念在她一片孝心的份上，点头同意了。

　　从此以后，每年的农历九月初九前后，重阳公主都要带上菊花、茱萸和菊花酒、茱萸酒回京城一次，孝敬父王，顺便也把当地登高、赏菊、喝菊花酒、插茱萸等民俗传入了宫中。

　　就这样，重阳公主生在重阳，长在重阳，又在重阳结婚、生子、

去世。当地人们为了纪念重阳公主，就在她去世后修了重阳道观，并且在每年的重阳节前来祭拜，希望能够得到重阳公主的庇佑。

与此同时，这个时期也出现了在农历九月初九吃糕的记录。记载汉代宫廷杂事的《西京杂记》也说，汉代时已有农历九月初九吃蓬饵之俗，即最初的重阳糕。

东汉后期叙述一年例行农事活动的专著《齐人月令》中也说：

重阳之日必以糕酒登高眺远，为时晏之游常，以畅秋志。酒必采茱萸甘菊以乏之，即醉而还。

东汉学者应劭的叙写古代风俗和鬼神崇拜的著作《风俗演义》中记载：

在河南的南阳郦县，有一个叫作甘谷的村庄。谷中水甜美，山上长着许多很大的菊花。一股山泉从山上菊花丛中流过，花瓣散落水中，使水含有菊花的清香。

村子里30多户的人家世世代代都饮用山泉水，说也奇怪，这个村子中的人们，一般都会活到130岁，最少的也有80岁。

在《西京杂记》也记载，汉时皇宫中每到重阳节都要饮菊花酒，说是"令人长寿"。书中还记载了菊花酒的酿造方法和奇妙的功效。说是要在菊花初放时连叶一起采下来，和黍米捣在一起酿酒，到了第二年的农历九月初九才吃。

据说，在汉代一个叫作胡广的太尉，患有严重的风湿病，经常疼痛得无法下榻，经过很多医生的诊治就是没有一点好转。后来，在友人的推荐下，胡广开始喝菊花水，没想到，他的这个顽疾竟然慢慢地好转了，后来竟然完全治愈了。

还有一个人叫司空王畅对菊花兴趣更浓厚，他不但吃菊花，就连洗脸洗澡都用菊花泡过的水。当时河南南阳郦县特产的菊花就是由他们提倡并传到其他地方去的。

这样一来，从汉代起，重阳节登高、赏菊、喝菊花酒、插茱萸等民俗便流传了下来。

重阳酒又称"贵宾酒"，亦称"吉祥酒"。

重阳酒是苗族人和仡佬山乡农家最喜欢的传统饮料，是孝敬长辈、招待贵宾的上等饮品，故称"贵宾酒"。

重阳酒源远流长，历史悠久，晋代《抱朴子》记载，饮九九之重阳酒能延年益寿，直到明清，重阳酒仍是盛行的健身饮料，是重阳必饮之酒，据传，喝重阳酒具有祛风避邪、祛灾祈福的神效，所以又称"吉祥酒"。

知识点滴

重阳定名和登高的盛行

在魏晋的时候，登高作为一项每年必备的活动，日期已专定在农历九月初九。

"重阳节"名称也开始在历史记载中出现，魏文帝曹丕曾经给他的好朋友钟繇写了一封谈菊花的信《九日与钟繇书》，信中写道：

岁往月来，忽复九月初九。九为阳数，而日月并应，俗嘉其名，以为宜于长久，故以享宴高会。

从曹丕这段话里，可以看出来当时的人们不但知道重阳节，而且认为重阳是重九，是"宜长于久"。"九九"与"久久"同音，含"久久长寿"之意。

曹丕还在信中说，派人送给钟繇一束菊花，因为在秋天万木凋谢的时节，只有菊花茂盛地生长，可见它有些天地的真气，是可以延年益寿的好东西，因此送来供他研究长生的道理。

晋代名医陶弘景也赞成人们吃菊花。并说：真菊花味甜，假菊花味苦。

曹丕在信中确认了农历九月初九重阳节的名称的由来"俗嘉其名"，并写出了重阳节的最重要的习俗登高在当时已经相当普遍。

我国古代专门记录楚地岁时节令风物故事的笔记体文集《荆楚岁时记》说，当时的农历九月初九，士农工商各行业的人都到郊外登高，设宴饮酒。

东晋著名诗人谢灵运为了登高的方便，还自制了一种前后装有铁齿的木屐，上山时去掉前齿，下山时去掉后齿，人称"谢公屐"。

在晋朝时，有一年过重阳节，大将军桓温照例率领幕僚到湖北江陵的龙山登高，饮酒赏菊吃九黄饼，他的参军，东晋名士、著名文学

家陶渊明的外祖父孟嘉也在其中。

龙山又称八岭山，因其山势宛若游龙而得名。正在众人畅饮的时候，一阵风吹来，吹落了孟嘉的帽子，他却浑然不知，依然风度翩翩。

桓温看到后凑趣命幕僚作文戏弄孟嘉。恒温当时曾吟诗：

今朝龙山行，苍天眼为凭。
参军落乌沙，不关大将军。

谁知孟嘉不假思索，即席对答，出口成章，回吟了一首：

今朝龙山饮，玉液醉人心。
秋菊遍地是，乌壳值几斤？

在座的人无不惊佩孟嘉才思敏捷和气质不凡。于是，孟嘉被视为气度宽宏、风流倜傥、潇洒儒雅之士。从此"龙山落帽"的故事随即成为"登高寻故事，载酒访幽人"的重阳佳话而广泛流传，龙山上的落帽台也随之名扬天下。

落帽台坐落在龙山的制高点上，站在落帽台的台上极目远眺，一面是连绵起伏的八岭山，一面是一马平川的农田以及泛着粼粼波光的湖水，这是登高赏景的极佳之处。

正是因为如此，在东晋以后，几乎所有到荆州的文人墨客、谪官过客，都要登临其上，吟诗作赋，使得落帽台一时声名鹊起。

每年的重阳节，金秋送爽、丹桂飘香、风霜高洁，宜登高望远，赏菊赋诗，故又叫登高节。

这一天登高的人们，呼朋唤友，观赏红叶野花之余，聚餐畅饮，吟诗作赋，其乐融融。登高远望，风清云淡，天高气爽，让人目不暇接，心旷神怡。

在陕西关中流传着这样一个故事。

很久以前，有个庄户人家住在骊山下，全家人都很勤快，日子过得也不错。

有一天天快黑了，这家主人看到一个算卦先生还没有找到住处，就把他领到自己家里，让算卦先生睡在炕上，而自己的妻子儿女都在草铺上睡。

第二天天刚亮，庄户人又让妻子给先

生做了一顿好吃的饭菜，装了一袋白蒸馍。

算卦先生走之前，看了看庄户人住的地方，随后叮咛他说：

到了九月九，全家高处走。

庄户人想，我们家里人平日没做过啥亏心事，我又不想升官，上高处走啥呢？

但心里又一想，人常说算卦先生会看风水，精通天文，说不定我住的地方会出啥麻烦。九月初九，就到高处走一走吧，权当让全家人看看风景。

到了九月初九，庄户人就带着妻子儿女，背上花糕香酒，登上骊山高峰去游玩。

就在庄户人一家离开不久，半山腰里突然冒出一股泉水，把整个一条山沟都泡了。庄户人家这才明白算卦先生为什么让他们全家在九

月初九登高。

　　这事传开后，人们就每逢农历九月初九，扶老携幼去登高。如果是居住在平原地区的百姓，附近无山可登，就在自制的米粉糕点上插上一面彩色的小三角旗，以示登高(糕)，有辟邪之意。习俗相传，就成了重阳节登高的习俗。

　　菊花是我国十大名花之一，也是开封、太原市花，在我国有三千多年的栽培历史，菊花约在明末清初传入其他国家。

　　我国人极爱菊花，从宋朝起民间就有一年一度的菊花盛会。历代的诗人画家，以菊花为题材吟诗作画众多，因而历代歌颂菊花的大量文学艺术作品和艺菊经验，给人们留下了许多名谱佳作。

　　在我国古典文学中，将梅、兰、竹、菊合称为四君子。而在古神话传说中，菊花则被赋予了吉祥、长寿的含义。

知识点滴

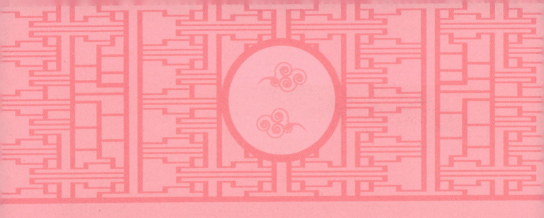

重阳糕和饮菊花酒形成定制

　　农历九月初九吃重阳糕的习俗在东晋已广为流传。重阳糕之文化意义着重在"糕"字上，即借此谐音以及制糕之各种作料的谐音，表现呈祥纳福的祝吉之意。在民间，九月吃糕还有驱邪除妖之意。

　　到南朝时，重阳糕多用米粉、果料等做原料，制法因地而异，主要有烙、蒸两种，糕上插五色小彩旗，夹馅并印双羊，取"重阳"的意思。制成的重阳糕，香甜可口，人人爱吃。

　　在重阳节里吃重阳糕，也有在九月黍谷成

熟时，蒸做糕点一类的食品祭祀先人并荐神尝新之义。

南北朝时民间有童谣称：

七月刈禾伤早，九月吃糕正好。

可见在九月里吃糕的习俗由来已久，只是到了南北朝时，随着重阳节习俗的流行才演变为该节日的专有食品。

重阳糕又称花糕、菊糕或五色糕，制无定法，较为随意，有糙花糕、细花糕和金钱花糕。糙花糕粘些香菜叶以为标志，然后在中间夹上青果、小枣、核桃仁之类的糙干果。

细花糕有三层、两层不等，每层中间都夹有较细的蜜饯干果，如苹果脯、桃脯、杏脯、乌枣之类。金钱花糕与细花糕基本同样，但个儿小如同金钱一般。

最简单的重阳糕，只是在家用发面饼夹上枣、栗诸果，或以江米、黄米面蒸成黏糕饼即可。

而讲究的重阳糕要做成九层，像座宝塔，上面还做成两只小羊，以符合重阳之义。有的还在重阳糕上插一小红纸旗，并点蜡烛灯。这大概是用点灯、吃糕代替登高、用小红纸旗代替茱萸的意思。

有诗描述重阳糕的制作：

篝火鸣机夜作忙，织工一饮登高酒。

依然风雨古重阳，蒸出枣糕满店香。

在当时的陕北一带的民间，重阳糕还有"花糕""要糕""曲连"等不同的名称。

糕一般是圆形或椭圆形，由底向上三至五层乃至七层，逐渐升高。糕者谐音高，步步高升之意。每层周围都涂制花朵，糕顶更是百花盛开，争奇斗艳。这样的花馍就叫作"花糕"。

"曲连"是烙制成的糕，花样多，如玉环、镰刀、斧头等，曲曲弯弯连接在一起，所以叫作曲连。花糕和曲连的送法，首先是一个大型的花糕或曲连，再配带几个小花糕或小曲连。送双不送单，一般有一个儿女的，送2至4个小花糕或曲连。有两个儿女的，送4至8个小花糕或曲连。

小花糕名为"要糕"，是送给小孩玩耍的食品。如果是新出嫁的女儿，在未生下儿女以前，一般只送大花糕，而不送"要糕"。

魏晋以后，重阳节的习俗有了很大发展。东晋笔记小说集《西京杂记》写道：

九月初九佩茱萸，饮菊花酒令人长寿。相传自古，莫知其由。

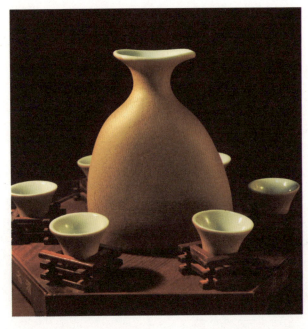

可见，当时的人们在重阳节里就普遍有了佩茱萸、饮菊花酒的习俗。菊花酒在上古时期就被认为是重阳必饮、祛灾祈福的"吉祥酒"。

重阳节喝菊花酒习俗的起源，一说是起于上古，由杜康创造；另一说是起于汉初，源自宫廷。但不论何种说法，将菊花和酒紧密联系，并赋予文化内涵、影响深远的是晋代的陶渊明，那时候就有了酿造菊花酒的记载，《西京杂记》载称：

菊花舒时，并采茎叶，杂黍为酿之，至来年九月初九始熟，就饮焉，故谓之菊花酒。

梁简文帝司马昱的《采菊篇》中则有"相呼提筐采菊珠，朝起露湿沾罗襦"之句，也是介绍采菊酿酒的方法的。

后来的菊花酒由菊花与糯米、酒曲酿制而成的酒，古称"长寿酒"，其味清凉甜美，有养肝、明目、延缓衰老等功效。还有枸杞菊花酒，花糕菊花酒，白菊花酒等。

菊花酒还有养生延年的作用。东晋时期，道教盛行，人们把寻求长寿、永生当作风尚。当时的道教名家、著名炼丹家、医药学家葛洪在《抱朴子》中记载，河南南阳山中人家，因饮了遍生菊花的甘谷水而延年益寿的事。

到了陶渊明时，更是在《九日闲居》诗中提到：

酒能祛百病，菊能制颓龄。

后来，南朝梁吴均撰写的《续齐谐记》中记载了菊花酒的妙用：

九月初九……，饮菊酒，祸可消。

《荆楚岁时记》载称：

九月初九，佩茱萸，食莲耳，饮菊花酒，令长寿。

可见此时已正式把饮菊花酒作为庆祝重阳节的必备习俗。后来饮菊花酒逐渐成了民间的一种风俗习惯，尤其是在重阳时节，更要饮菊花酒。

菊花也叫黄花、九花、长寿花、延龄客，属菊科，品种繁多。菊花是我国的传统名花，它秀美多姿，虽然不以娇艳姿色取媚，却以素雅坚贞取胜。

　　人们爱它的清秀神韵，更爱它那凌霜盛开的一身傲骨。菊花更是长寿之花，人们更爱她在"霜降之时，唯此草盛茂"的强盛生命力。

　　每年农历九月，正是赏菊好时节。因为菊花与重阳关系密切，因此重阳节又称菊花节，而农历九月又叫菊月。赏菊也就成了重阳节习俗的重要组成部分。

　　重阳节赏菊习俗，相传始于东晋文学家、田园诗人陶渊明，他一生酷爱菊花，以菊为伴，号称"菊友"，被人们奉为"九月花神"。

　　陶渊明种菊，既食用又观赏。每逢秋日，当菊花盛开的时候，附近的乡亲、远处的朋友，常到他家做客赏菊。他就摊煎饼、烧菊花茶款待亲朋，大家走时采菊相送：

今日送走西方客，明日又迎东方朋。

来赏菊的人们川流不息，常使他不能按时去田园耕作。他常想，要是能让菊花一日开，客人一天来，那该多好啊！

后来，他灌园浇菊时，自语祝愿道：

菊花如我心，

九月初九开；

客人知我意，

重阳一日来。

说来奇怪，到农历九月初九那天，含苞欲放的菊花争奇斗艳地一齐盛开了，客人们也都在那天来了。

亲朋诗友笑逐颜开，望着五彩缤纷、芳香四溢的满园菊花，吟诗作词，令人心醉，都夸菊有情，不负陶公心。亲朋好友相约，年年重阳一日来赏菊，重阳赏菊的习俗便由此形成。

陶渊明还有一段"白衣送酒"的佳话。

说是有一年重阳节，陶渊明在东篱下赏菊，抚琴吟唱，忽而酒兴大发。由于没有备酒过节，

他只好漫步菊丛，采摘了一大束菊花，坐在屋旁惆怅。

然而，就在这时，他看见一个白衣使者向他走来，一问才知此人是江州刺史王弘派来送酒的。王弘喜欢结交天下名士，曾多次给陶渊明送酒。陶渊明大喜，立即开坛畅饮，酒酣而诗兴起，吟出了《九月闲居》这一首名诗，"白衣送酒"遂成千古佳话。

知识点滴

居住在我国南方的彝族、白族、侗族、畲族、布依族、土家族和仫佬族等少数民族同胞也有在农历九月初九过节，并吃糕饼一类黏性食品的习惯，但是由于地域和文化的不同，各个民族相关的风俗、风物和传说却各有不同，并有不同的特色。

如在贵州锦屏、剑河和天柱一带生活的侗族人民，过重阳节的时候都要打糯米粑来吃。而在湘西土家族的节日打糯米粑，则有辟恶禳灾之意。

定为节日及文人墨客的诗情画意

在唐以前，重阳节的过节形式和过节的习俗等都只在民间流传，并没有得到正式的确认。

到了唐代，大臣黎泌奏请皇帝批准，以中和、上巳、重九三天为三令节，节日活动与东汉以来的风俗相同，重阳节开始成为一种普天同庆的重大节日。

每年的这一天，上自皇帝，下及庶民，都要参加节日活动。

过重阳节时百官都要放假休息，"宜任文武百僚择地追赏为乐"，朝廷还加以赏赐，足见当

时重阳节地位的重要。也正是当时官方正式确定，大大促进了节日的发展，重阳诗大兴，重阳节就风行起来了。

唐朝重阳节的兴盛反映在蔚为壮观的、堪称"千古绝唱"的诗作中，还有无数的诗人，像满天的星斗一般。唐诗写重阳的题材非常广泛。有叙写重阳风俗故事的，有借重阳怀古的，有抒怀思念亲朋好友的，种类繁多，不一而足。

表现重阳节习俗的诗写得最简洁的是诗仙李白的《九月十日》：

昨日登高罢，今朝更举觞。

菊花何太苦，遭此两重阳。

短短4句20字，登高、举觞、赏菊，三件事都写到了。唐人以九月十日为"小重阳"，故李白有"两重阳"之说。

每逢重阳佳节，唐朝的宫廷有登高的习俗。《全唐诗话》中说道："唐中宗临渭山登高。"

《唐诗纪事》也说，公元709年九月初九，唐中宗李显临幸渭亭登高，令臣下赋同题四韵五言一首，先成者赏，后成者罚。

与宫廷的登高相对，民间登高之举也很盛行，尤其文人墨客更是热衷。

"登山则情满于山"，登高望远，目力所及之处，自然会引发登高者的悠悠情思。恰逢重阳佳节，更是思乡、怀人、一抒胸臆的最佳时节。因而，唐诗中登高抒怀似乎成为诗人们一个重要传统。

唐代有大量的诗文描绘重阳节，抒发对重阳佳节的感怀。著名诗人王勃在《九日》诗中写道：

九日重阳节，开门有菊花。

不知来送酒，若个是陶家。

唐朝以山水田园诗著称的大诗人孟浩然在《九日》里说道：

九日未成旬，重阳即此晨。

登高寻故事，载酒访幽人。

落帽恣欢饮，授衣同试新。

茱萸正可佩，折取寄情亲。

李白更是倾慕南朝的谢灵运，在名作《梦游天姥吟留别》中写道：

脚着谢公屐，身登青云梯。

作者在如同仙境一般的天姥山上倾吐心中郁闷，展现自己傲岸不屈的风采。诗圣杜甫在《九日》诗中也写道：

重阳独酌杯中酒，

抱病起登江上台。

竹叶于人既无分，

菊花从此不须开。

著名的医学家和药物学家孙思邈在《千金月令》中写道：

重阳之日，必以肴酒登高眺远，为时宴之游。赏菊以畅秋志。

唐代诗人王缙在《九日作》诗中这样写登高：

莫将边地比京都，

八月严霜草已枯。

今日登高樽酒里，

不知能有菊花无。

后来的诗人们也在重阳登高诗歌的创作中，不断注入新的情感，使登高作品的内容更加丰富，情感更加多元，从而赋予它更为深厚的文化内涵。

直至唐代，饮菊花酒当然更加常见，唐朝在重阳节饮菊花酒风俗非常普遍。一壶琼浆，倒尽人世惆怅离舍，一盏酣乐，留恋山水寄情欢歌。若是入梦醉亦欢，哪得梦醒空笑颜，尘世哀乐，悲欢离合，一个"酒"字，怎能诉说！

饮酒想起诗，赋诗想起酒。酒与诗好像是孪生兄弟，结下了不解之缘。千百年来，流传至今的赞酒诗篇不计其数，但其中脍炙人口的名篇多出自唐宋。唐代诗酒豪放激昂、宋代词酒含蓄婉约，酒与诗词达到了最完美的契合。

唐代白居易《禁中九日对菊花酒忆元九》诗中描述在唐朝宫廷九月初九赐菊花酒给群臣饮的盛况。

这首诗写道：

赐酒盈杯谁共持，宫花满把独相思。
相思只傍花边立，尽日吟君咏菊诗。

唐朝另外一位诗人卢纶也有《九日奉陪侍中宴后亭》诗：

玉壶倾菊酒，一顾得淹留。
彩华征枚叟，花筵舞莫愁。
管弦能驻景，松桂不停秋。
为谢蓬蒿辈，如何霜霰稠。

晚唐诗人黄滔也有一首《九日》诗：

阳数重时阴数残，露浓风硬欲成寒。
莫言黄菊花开晚，独占樽前一目欢。

从唐诗中可以看出，饮菊花酒在我国酒文化中占有重要的一席之地，成为人们明志抒怀的一种独特的形式。

知识点滴

自从唐代以后，菊花虽常见于诗文，但在一般的百姓中间，菊花还不是很被重视的。

从流传下来的唐诗里看来，当时菊花已经有黄色的、紫色的和白色的几种，种类还不是很多的。菊花只是被一些诗人用来寄托怀抱，还未成为多数人欣赏的花种。

菊花品类的培植，大概是唐宋之间开始的。明朝栽菊技术又进一步提高，菊花品种又有所增加，菊谱也多了起来。如黄省曾、马伯州、周履臣、高濂、乐休园等人都著有《菊话》。

红霜凝蕊辣金蓑落
寒苦犹夜吟诗瑟青
澄酒一杯
丁酉腊月既望做南田师笔
兰陵张同鲁

习俗演变

重阳节在我国已经有了2000多年的历史。可是"重阳节"名称见于记载却是在三国时代。

魏晋时期有了赏菊、饮酒的习俗。唐朝时，重阳节被定为正式节日。从此以后，宫廷、民间一起庆祝重阳节，并且在节日期间进行各种各样的活动。

直至明代，九月重阳，皇宫上下要一起吃花糕庆祝，皇帝要亲自到万岁山登高，以畅秋志。至清代，这种风俗依旧盛行，并被人们一代代完整地传承了下来，并焕发出越来越强劲的生机。

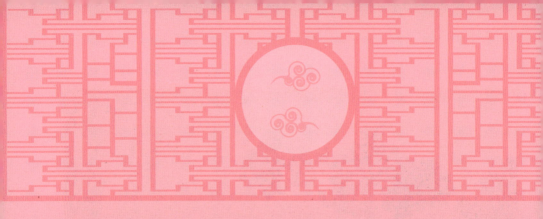

从纸鸢变为风筝的发展演变

　　唐朝的安定和繁荣，成为我国古代文化经济全面发展的时期。社会的安定、文化经济的发展，带来了传统节日的盛行。

　　而节日的盛行促进了各种文化娱乐活动的发展，作为一直被用于军事上的纸鸢，随着传统节日清明的兴起，用途上有了新的转折，开始向民间娱乐型转化。

　　唐代以前，纸鸢，也叫风鸢，一直是战争时通讯和侦探的重要工具，并能带上"火药"用作战争时进攻的武器。

　　唐代史书《新唐书》记载，公元781年，唐将张丕被叛军田悦的军队困在临

名，情况危急，张丕"急以纸为风鸢"，其上书有"三日不解，临名士且为悦食"之言，风鸢升空后：

高百丈，过悦营上，田悦命善射者射之，竟不能及。

求救书终于用纸鸢送达援军，因而解围。小说《大唐狄公案》中也有狄仁杰用纸鸢传递军事文件的描述。

后来，纸鸢逐渐演变成为人们的一种玩具，重阳节放风筝逐渐转化为一种娱乐形式，不论在宫廷还是民间都相当普遍，人们都对纸鸢表现出浓厚的兴趣，唐玄宗李隆基就曾在山东蓬莱观看"八仙过海"纸鸢的放飞。

唐代纸鸢的制作水平很高，宫廷纸鸢有的还用丝绢扎制，不但可以白天放飞，而且晚上可把五彩灯笼挂在纸鸢上，放到空中去。

每年放纸鸢的时节，太学也要放假三日，武学也要放一天假。顾非熊在《长安清明言怀》诗中，曾记载了唐玄宗姿游踏青的情景：

明时帝里遇清明，还逐游人出禁城，
九陌芳菲莺自啭，万家车马雨初晴。

直至唐代中期，进入了繁荣稳定的发展阶段，纸鸢的功能开始从军事用途转向娱乐，同时由于纸业的发展，使得纸鸢的制作材料也由丝绢开始转用纸张。纸鸢也逐渐走向民间，种类、花色也多了起来。

那时的人们在重阳节扫墓、登高、蹴鞠、打马球，放纸鸢，唐代诗人唐采在《纸鸢赋》中记载：

代有游童，乐事末工。饰素纸以成鸟，象飞鸢之戾空；

翻兮将度振沙之鹭，杳兮空光渐陆之鸿，抑之则有限，纵之
则无穷，动息乎丝纶之际，行藏乎掌挥中……

　　唐代时纸鸢的制作水平已非常高超，放飞效果又非常好，纸鸢的
制作技艺和放飞效果都达到了较高的水平。据说，当时的张培在情急
之中所做的纸鸢最高能放到百余丈。由此可见，连射箭高手的箭都不
能及。

　　唐初纸鸢的尺寸比较大，可以进行载人飞行，成功与否另当别
论，只能推测放飞的技术已经成熟。

　　唐代著名诗人李商隐在《燕台》中有"西楼一夜风筝急"和高飞
的风筝诗句：

夜静弦声响碧空，
官商信任往来风。
依稀似曲方堪听，
又被风吹别调中。

　　中唐诗人元稹在他的
咏物诗《有鸟二十章纸
鸢》中写道：

有鸟有鸟群纸鸢，
因风假势童子牵。

其他一些诗人也在唐诗中多次写有咏风筝诗词，可看出盛唐时期风筝活动情况。

名称由"纸鸢"变为"风筝"在唐朝已有，后来五代时期，据专门记叙通俗俚语的书《询刍录》记载，五代时期，亳州刺史李邺在纸鸢上装制竹哨，风入竹哨，声如筝鸣，纸鸢由此而正式得名风筝。

风筝与我国传统音乐、舞蹈、戏剧、民俗相融合，逐渐形成独特的风筝文化，又因地域文化不同、历史发展时期不同，让风筝的发现呈现出丰富多彩、各有千秋的态势。可以说，唐代风筝已成为年轻人的嬉耍物品。

到宋代，放风筝已成为流行于民间的娱乐活动和喜事的庆祝纪念活动。

宋人周密的《武林旧事》就详细记载过，每到九九重阳节的时候，人们便背上饭食到郊外放纸鸢，直到日暮方归的情景：

少年郎竞放纸鸢，以松勾引，相牵剪裁，以线绝者为负。

宋苏汉臣画的《百子图》里，还详细描写了放风筝的动作和工具。由于风筝的普及，当时放风筝已经发展成为一种技艺。

逢庙会、集市、节日和游戏时，都有人表演创作和放风筝。放风筝的人同杂技演员、杂剧演员被称为"赶趁人"。南宋末，开始出现了以扎售风筝为业的手工艺人。在明清时期风筝的发展达到了鼎盛时期，无论在大小、样式、扎制技术、装饰放飞的技艺上都比从前有了很大的进步。

明清时期风筝的装饰手法上也较过去丰富，风筝和各种民间工艺开始有机地结合起来。

明代初年，有人在风筝上安装火药，点燃盘香以后，从而放飞到敌营上空，盘香燃尽点燃引信，火药立即爆炸，这便是有名的"神火飞鸦"。

在明代以前，我国民间在重阳节放风筝的习俗，主要流传在南方广大地区。但是自从1371年明太祖定都北京以后，我国文化经济的中心逐渐北移，南方重阳放风筝的风尚习俗也逐渐流传到了北方，并根据北方独特的地理环境，人们开始逐渐将重阳节放风筝的习俗转移到了更加适合北方节气的清明节，一些地方保留了在清明和重阳两个节日放风筝的习俗。

后来由于明太祖在执政后采取节俭传统节日的开支等措施，所以，在明代初期重阳等节日的娱乐活动有所衰减。

　　另外，明代的帝王吸取汉代出现的韩信与陈稀用风筝测量未央宫、准备谋反的教训，下令禁止在京都放风筝，因此，这一时期在我国北方地区清明节放风筝的风俗，也受到一定影响。

　　《帝京景物略》为明初刘侗所著，它是一部详细记载京都节令风俗、名胜古迹的专著，其中对京都人们在重阳节扫墓、踏青和娱乐的活动记述尤为详细。但唯独没有放风筝的内容，并记载道：

　　　　燕，日有风鸢戏，现已禁。

　　而同时期在南方，放风筝却一直是重阳节的一项不可缺少的内容。当时在南方民间放风筝为儿童所喜闻乐见，也是画家、诗人常见的创作题材。徐渭在诗中写道：

　　　　我亦曾经放纸嬉，今来不道老如斯。
　　　　那能更驻游春马，闲看儿童断线时。

直至明代中叶，《水平府志》记载：

家家树秋千为戏，闺人挝子儿赌胜负，童子团纸为风鸢引绳而放之。

清初著名戏曲家李渔，还专门编写了风筝演义的传奇戏曲作品《风筝误》，并在该剧的成因中写道：

书生韩世勋题诗于风筝上，放飞中风筝落在詹家，詹淑娟和诗其上，因而结合。

在清代，放风筝在我国普遍兴起，放风筝成为我国北方在重阳节和清明节的一项群众性的娱乐活动。

特别是在文化经济发达的京津地区和以手工业著称的山东潍坊地区放风筝的传统尤为突出，许多地方志和地方文献中都记载了清明时节放风筝的情景。

民间放风筝习俗的普及，不仅丰富了人们的文化娱乐生活，同时，在这项活动的实践中，勤劳智慧的劳动人民把放风筝作为一项锻炼身体"去病免灾"增强体质的活动来看待。

因此，放风筝开始脱离了只在清明和重阳的范畴，开始成为人们不可缺少的娱乐和体育活动，并越来越被人们所重视。

清代，在北京一带，宫廷与民间的风筝不仅制作精良，而且品种增多，出现了造型新颖的字风筝，使风筝有了新的形式和内容，《北京竹枝词》就真实生动地描述这一情景：

新鸢放出万人看，千丈麻绳系竹竿。
天下太平新样巧，一行飞向碧云端。

这一新内容、新形式的出现，为我国风筝的发展开辟了广阔的道路。此时，各地相继出现了像仙鹤童子、雷震子、群雁、杏花天等各种不同形式和内容的风筝。

潍县（今潍坊市）风筝艺人根据我国"尊龙"传统，吸收了当地

木版年画、刺绣等民间艺术中有关龙的形象，对传统蜈蚣风筝加以创新，将蜈蚣头改装成龙头，扎制出了"龙头蜈蚣风筝"，巧妙地把龙的形象运用到串式风筝上，被称为潍坊传统风筝一绝。

随着民间放风筝的普及和发展，宫廷中把放风筝当作一项娱乐来对待，各地官吏把民间涌现出来的富有"吉祥如意"内容而制作精巧的风筝，作为进贡礼品，并把扎制、绘画的能工巧匠选送到京都，为宫廷扎制风筝。

宫廷风筝的制作，不同于民间风筝，它不计工本，不惜代价，因而选料、制作、绘画等各道工序，都极为讲究，甚至连放风筝用的拐子都雕刻得非常精致美观，所制作的风筝富丽堂皇，花样百出，姿态各异，是一种高雅精致的艺术珍品。

风筝艺人们除为宫廷制作风筝外，还在京城开设风筝铺，扎制风筝出售。诗人裴星川在其《竹枝词》中记录了当时风筝市场的盛况：

风筝市在东城墙，购选游人来去忙，

花样翻新招主顾，双双蝴蝶莺成行。

在闽南语中有一句话：

九月九，风吹满天啸。

就是形容重阳以后，风筝满天飞的情形。由于农历九月以后，我国台湾季风渐强，另一方面又天高气爽，正是放风筝的好时节。从前玩具不多，又很少有娱乐活动，放风筝就成为孩童的最爱。

当秋天一到，大家在田野空地，大放风筝，是相当快乐的事情呢！台湾重阳放风筝的习俗，起源相当早。据资料的记载，居住在宜兰的平埔族，也就是葛玛兰人，早就有这样的活动。

台湾地区早年的重阳放风筝活动，所用风筝大多由孩童自己制作，式样凭自己巧思发挥，一般都以放得高为主，种类也相当的多。

除了将风筝正常放飞以外，几个风筝在天空中，互相打斗的事，也是相当精彩有趣的一件事情，这就是当地人喜欢的"风吹相咬"。

知识点滴

在记述唐代各项典章制度沿革变迁的史书《唐会要》中，曾经记载了一则关于唐代皇帝过节的情况。

据记载，到重阳节时，皇帝一般是在曲江岸边的亭子里举行庆祝活动，在此期间，皇帝不仅要赐宴文武百官，还要即兴作诗，臣子应制唱和。

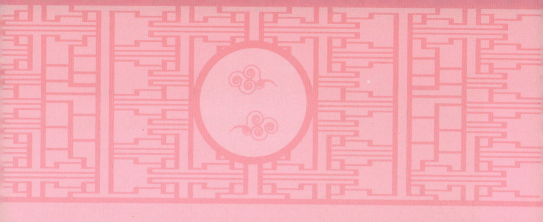

宋代菊花文化的极盛发展

重阳习俗虽然世代相传，却并非一成不变，世异时移，一代人有一代人所面临的问题，一代人有一代人的社会生活，重阳习俗也会有相应的调整和变通。

直至宋代，随着经济的发展，我国的文化也达到了一个新的高峰，城市里的各种过节习俗也繁盛一时。

当时的主要城市如汴梁、洛阳、苏州、杭州等，商业店铺比比皆是，主要有食店、酒肆、茶坊、肉铺、鱼行、米铺、药店等。

到了重阳节，各行行业都有自己的习俗惯制，也有精明的商家把节日形成的

"节日经济"作为自己的经营绝招。

在京师汴梁，由于受城市地貌的限制，人们在过重阳节时，首先想到的是菊花。重阳赏菊之风盛行，故民间把农历九月称为"菊月"，在菊花傲霜怒放的重阳节里，观赏菊花成了节日的一项重要内容。

当时无论皇室贵戚还是文人士子、小民百姓，都要赏玩菊花。文人士子们还要举办社交宴乐性的菊花会，赏菊吟诗。其中，规模最大，人气最盛的当数宫廷的赏菊活动：

禁中例于八日作重九排当，于庆瑞殿分列万菊，灿然眩眼，且点菊灯，略如元夕。

从北宋起，菊花才成为民间百姓玩赏的对象，在都城汴梁培植和玩赏菊花的也很普遍，并且开始运用"嫁接"之术培育菊花，因而菊花的品种越来越多。

宋朝栽培菊花更盛，随着培养及选择技术的提高，菊花由室外露地栽培发展到盆栽，并能用其他植物作砧木嫁接菊花，菊花品种也大量增加，这是菊花从药用转为园林观赏的重要时期，出现了不少菊花专书和菊

谱。

在此期间的菊谱，对所栽的品种即以花色归类，并对花形也有较详细的记载。刘蒙的《菊谱》是最早记载观赏菊花的一本专著，记有菊花品种26个。

范成大的菊谱中记载有35个品种，其中的"合蝉""红二色"是管瓣出现的最早记载。其后，花色又出现了绿色的"绿芙蓉"和黑色的"墨菊"。

在栽培上对菊花的整形摘心、养护管理和利用种子繁殖获得新品种等都有了进一步的经验。在《致富广集五记》记载：

临安园子，每至重九，各出奇花比胜，谓之开菊会。

据《乾淳岁时记》记载，当时南宋杭州宫里到了重阳节都要摆列出来千万盆菊花，供人玩赏，晚上还要点菊花灯，其热闹情况有如元宵灯节一样。

《杭州府志》中记载：

临安有花市，菊花时制为花塔。

可见南宋时的首都临安，即杭州，有了花市、花会。流传至今的菊花会是在南宋时杭州开始的。

宋末史铸的《百菊集谱》列举了洛阳、苏州等地菊花品种160多个，系汇辑各家专谱，加上本人新谱及有关故事、诗文等而成，搜罗广博，蔚为壮观，堪称集当时菊谱之大成。

南宋以后，艺菊中心转至江南的苏、杭一带。如范成大在苏州附近辟置范村艺菊，村中花匠善于对菊花进行整形、修剪，可做到一株上开数十朵菊花，足见当时技艺之高。南宋都城杭州是当时的艺菊中心，如菊花会、菊花山、大立菊及菊塔等，都是当时在杭州开始出现的。

据载，当时的洛阳是培养菊花最早的一个城市，刘丛泉《菊谱》里就说洛阳风俗喜欢养花，菊花的品类也比其他地方多。

大文学家苏东坡在他的《东坡杂记》里也说洛阳菊花的品种很多，从农历八月起一直开到十月。洛阳人善于嫁接花，为此，每年都有新的菊花品种出现。

南宋以后，宋朝的政治文化中心逐渐南移，苏州、杭州一带培养的菊花也渐渐有名。

南宋诗人范成大的《范村菊谱》里就说到他在一人家看到70种菊花，他自己只搜集到36种。南宋词人史正志在《菊谱》中说，他在苏州看到27种菊花。

开封民间的菊花也有许多品种，如《东京梦华录》记载：

> 九月重阳，都下赏菊，有数种：其黄白色蕊若莲房，曰："万龄菊"；粉红色曰"桃花菊"，白而檀心曰"木香菊"，黄色而圆者曰"金铃菊"，纯白而大者曰"喜容菊"，无处无之。酒家皆以菊花缚成洞户。

南宋末年，富商大贾和官吏们私人培养菊花的人就更多了，刘克庄说福建建阳一个姓马的富人就养了100种菊花。

由于宋代菊花的繁荣，赏菊咏菊的人就多了，重阳咏菊词也可谓汗牛充栋，北宋政治家司马光在《九日赠梅圣俞瑟姬歌》说：

不肯那钱买珠翠，任教堆插阶前菊。

大词人苏轼在《次韵苏伯固主薄重九》诗中说：

髻垂不嫌黄菊满，
手香新喜绿橙槎。

南宋诗人杨万里却对开在山坡荒地上的簇族"野菊"情有独钟：

> 未与骚人当糗粮，况随流俗作重阳。
> 政缘在野有幽色，肯为无人减妙香！
> 已晚相逢半山碧，便忙也折一枝黄。
> 花应冷笑东篱族，犹向陶翁觅宠光。

　　正是这些文人们借菊抒发自己的思想感情，借物抒怀，假物言志，而使菊花这种原本平凡的植物，具有了另一番神韵，也正是由于文人们赋于菊花以崇高的象征意义，从而使菊花的身价得到了飞速的提升。

　　据古籍记载，菊花味甘苦，性微寒，有散风清热、清肝明目和解毒消炎等作用。

　　如在白菊花中加些茶叶，泡制菊花茶，能治疗肝火旺、目涩，或由风寒、风湿引起的肢体疼痛、麻木的疾病，对眩晕、头痛、耳鸣也具有防治作用。

　　用菊花泡制的菊花茶更是宁神静气的天然药方，此外，当时人们还用菊花装枕头，可以去头风、明眼目。

知识点滴

菊花酒成为百姓喜爱的佳酿

传说在很久以前，八仙中的何仙姑从东海云游归来，回到蓬莱洞府，向其他七位仙人说起在东海之滨的河阳市吃过一种菊花酒，味道好得就像天上瑶池的仙酒一样，当地老百姓都喜欢喝，说是喝了能延年益寿。

铁拐李听得直流口水，张果老听得摇头晃脑，蓝采和好像闻到了酒香，坐立不安，吕洞宾更是心急，说是马上到那里去尝尝。众仙人个个赞成。于是，八仙变成平民模样，腾云驾雾到了河阳市。

他们一行来到东门，只见酒坊林

立，香气扑鼻。这时正是秋天，菊花盛开，红、黄、紫、白，煞是好看。抬眼望去，只见河阳桥边，有一座酒楼，名"景阳楼"，店里生意兴隆，楼上楼下，座无虚席。

铁拐李一进店就问："店家，可有菊花酒？"

店小二连连点头，说："老伯，酒菜都有，就是没有空座位了，能不能请稍等一会？"

铁拐李说："我们四海为家，只要有好酒好菜，哪儿都可以喝。来来来，先倒一氅酒来！"

店小二一看，铁拐李手里拿着一只装酒的葫芦，心想，这么一只小葫芦，能装一氅酒？就问："一氅酒能装得下吗？"

何仙姑笑笑说："装不下就归你，装得下尽管装，说吧，一葫芦要多少钱？"

店小二盘算着，这个小葫芦装满了也不过两三斤，5个铜钱一斤也差不多了，保险一点，稍微多要点吧！就说："20个铜钱！"说罢，

两人抬起一氅酒，倒进漏斗朝葫芦里灌。

哪里知道，一氅酒倒光了，还不见满，店小二就知道这是个宝葫芦，再看看这8个客人，个个仙风道骨，晓得遇到了异人，连忙说："老伯伯，难得各位仙人来小店品尝菊花酒，请也请不到，这酒钱我就不收了。"

何仙姑只是笑笑，早把一块银子放在柜台上。又买了几样素食，8个人就过了河阳桥、唤英台，走到文峰塔下，席地而坐。

何仙姑想，这样坐着饮酒，弯腰曲背，多不舒服呀！一摸自己袋里，还有几块在游东海时拣到的小石头子儿，摸出一块较大一点儿的，朝地上一放，说声"大"！

霎时，这块石头就变成了一张可以让8人围坐的石桌。何仙姑又接着用8块小石头变成了8张石凳。于是，8个人就围着石桌坐下，兴高采烈地喝起菊花酒来。直到酒醉八九分，才腾云回蓬莱洞府。

哪晓得，铁拐李把酒葫芦挂倒了，路过崂山时，他醉醺醺的一晃，把葫芦里的剩酒全倒在崂山上，因此，崂山的泉水也成了酿酒的好泉水。

由于有了菊花酒，重阳节的内容愈发丰富多彩，并充满了情趣。

那时的人们仍把菊花酒视为节令饮品。南宋著名的政治家和诗人王十朋在《梅溪后集》卷七《九日》诗中写道：

呼儿满酌黄花酒，为子深倾锦石杯。

南宋诗人范成大在《重九独坐玉麟堂》诗中也曾经说到：

年年客路黄花酒，

日日乡心白雁诗。

南宋将领韩琦也在《菊觞》诗中说到了菊花酒：

九日陪嘉客，金英泛酒船。……

坐中宜醉挹，仙录载延年。

据说南宋著名诗人陆游有一次病倒了，就饮用菊花酒，结果饮酒后病除，于是他写诗赞道：

菊得霜乃荣，唯与凡草殊。

我病得霜健，每却童子服。

岂与菊同性，故能老不枯。

后来，重阳节饮菊花酒的热度有所减退，但菊花酒的酝酿范围却在扩大，人们更愿意把菊花酒当作酒类中的一个重要品种而推向社会，喜爱这种酒的人可以在一年四季随意取饮。

南宋政治家、文学家周必大在《泛舟游山录》中曾记载他在旅游途中的趣事：

富文送菊酒与骨肉，小酌于南楼。

　　这里提到的菊花酒已经不是节令饮品了。北宋时期，河阳南小莲塘北岸，有座茅草房子做成的酒店，门面不大却生意盈门。店家王二酿得一手上等菊花酒，连千年老店景阳楼也佩服他几分。

　　这天，正值中秋佳节，店里人头攒动，生意兴隆。王二正忙得不可开交，忽然，店里来了个讨饭的老婆婆，这老婆婆虽然衣衫破旧，老态龙钟，却道骨仙风，目含灵气。王二正打算招呼伙计打发点饭食，这老婆婆却开口要喝酒。

　　王二心想，正是哪壶不开提哪壶，店里的酒已经卖完，连顾客还不够卖，哪还有酒给你喝，但他心地好，还是和颜悦色地说："老婆婆，你若实在要喝，也只能等我回到酒坊去拿来再给你了。"

　　老婆婆一听连声说："好，好，那我跟你一起到酒坊去吧！"

　　王二说："我家酒坊在虞家浜，离这里蛮远的，怕你走不动。"

　　但老婆婆执意要去，王二只好带她一起走了。说也奇怪，老婆婆看起来老态龙钟，走起路来倒又快又轻便。

　　到了王二酒坊，只见几口缸，口口缸上都标着日期。王二看着一口口酒缸不禁连连叹气。

　　老婆婆有点奇怪，问他："店家，你酿得一手好酒，生意又好，怎么还唉声叹气的？"

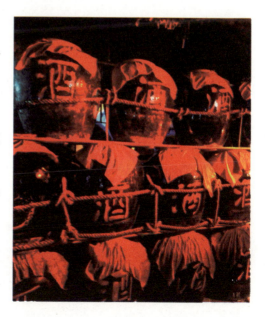

　　王二说道："老婆婆，不瞒你说，我这好光景没几天了。"

　　原来，去年河阳来了个山东大汉叫黑虎，他依仗老子在朝中

为官，狗仗人势，硬要各家酒坊把菊花酒低价卖给他，他再把菊花酒弄到他在历城开的一家春酒楼去卖高价钱。大家不卖，他就叫地痞来捣蛋。最近，黑虎索性硬逼各家酒坊搬出虞家浜，好让他独家酿酒。

"老婆婆，你是外地人，不晓得这虞家浜浜水的好处。这虞家浜周围是铁屑黄泥，水从泥里流出来，酿菊花酒全靠这种水才有劲头。若用普通河水做酒就淡而无味了。眼看三天期限就要到了，一搬出虞家浜，我就没有菊花酒可以卖了。"说完，王小二就打了一碗酒给老婆婆。

老婆婆听了，愤愤地说："世上竟有这种黑心人，恶人必定会遭恶报的。店家，你放宽心好了。"

说着，呷了一口，连声说："好酒，好酒！真是人间瑶池酒！"

几口就把一碗酒喝完了，随即从头上拔下一只碧玉如意簪，对王小二说："店家，你是个好心人，我不能白吃你的。这样吧，我把这只如意簪子送给你，算是酒钱吧！你到半夜子时，去把这只如意簪子插在荒地上，到第二天，那里定会变成另一个模样，你再把酒坊搬来，就又可以酿出菊花酒了。"老婆婆说完，一晃就不见了。

王二心想，一定遇见神仙了。到了半夜，他就按老婆婆的话，拿着如意簪子出去了，谁知走到虞家浜北面，不留意把如意簪子丢失了，天黑漆漆的，又没办法找寻，他只好回去。

第二天一大早，他再去寻找时，只见昨晚丢失如意簪子的地方，已变成一个清水碧波的大池，四周菊花盛开。这池子就像一柄如意，有6个小岛伸向池里。

王二尝尝水味，香喷喷，甜丝丝，正是酿酒的好水。于是，王二便去约好几家被黑虎欺侮的酒坊老板，一起把酒坊搬来。果然，用这池水酿的菊花酒，竟比先前的更加浓香甘甜。王二酒楼的名声更加大了。

说来也奇怪，从此以后，用虞家浜水做的酒，倒反淡而无味了。那黑虎运到历城去的菊花酒，在一夜之间竟然都干掉了。

原来，那个老婆婆是天上的菊花仙子，也是王母娘娘身边的瑶池司酒仙女，因为王母娘娘闻到了菊花酒的香气直冲云霄，便命她下凡来探听个究竟的。

于是，菊花仙子就作法帮助了王二的忙，后又惩罚了横行霸道的黑虎。

宋代民间酿造菊花酒的记载很多，如宋代人阳枋所撰的《字溪集》中就提到"程宣义善造菊花酒"。

当时最好的菊花酒被称作"金茎露"，南宋末年著名的诗人刘辰翁在《须溪词》中多次予以吟咏。如在《法驾导引》中写道：

金茎露，金茎露，绝胜九霞觞。接碎菊花如玉屑，满盘和月咽风香，不是老丹方。

又在《朝中措》描写"金茎露"酒的简易制作方法：

炼花为露玉为瓶，
佳客为频倾。
耐得风霜满鬓，
此身合是金茎。

也就是说，这种"金茎露"酒，首先要把菊花加工，蒸成花露，然后再以花露配制酒，使得酒体内菊香清爽，口味绝妙。

南宋末期的词人黎延瑞在《一剪梅·菊酒》词中也菊花酒赞誉有加：

不是孤芳万里留。餐亦堪羞，采亦堪羞。

离骚赋罢酒新蒭。醒也风流，醉也风流。

从技术角度上讲，菊花酒的配制并不复杂，但经宋人深度琢磨，还是创造出了更优秀的菊花酒产品。

南朝宋史学家王韶之在《太清记·华岳夫人》记载，当时菊花酒是用菊花杂和黍米酿成的：

菊花舒时，并采茎叶，杂黍米酿之，至来年九月初九始熟就饮焉，故谓之菊花酒。

并且说菊花酒有延年益寿的功效，《太清记》称：

九月初九探菊花与茯苓、松脂，久服之令人不老。

知识点滴

由于菊花酒的缘故，重阳又成了祭祀酒神的酒神节。如在《山东民俗·重阳节》中就有记载说，在山东，很多酒坊有在重阳节祭缸神的习俗，而这个神，就是杜康。

在贵州仁怀县茅台镇，每年一到重阳的时候，人们就开始投料下药酿酒，传说是因为在九九重阳这天，是阳气最为旺盛的时候，在这个时候酿出的酒，才算是好酒。

所以，每当烤出初酒时，老板就会在摆"杜康先师之神位"的地方点燃香烛，并摆放上供品，以祈祷酿酒顺利。

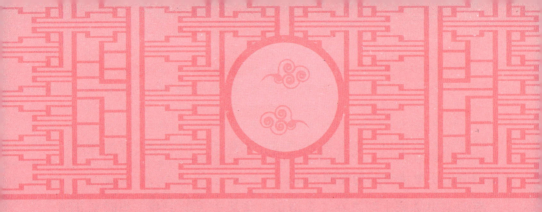

明清两代登高习俗的多样发展

　　明清时期，是我国传统节日重阳节的发展期，此时的重阳节习俗已从宗教迷信的笼罩中开始解脱出来，发展为礼仪性、娱乐性的文化活动。

　　在这一时期，重阳节各种形式的文化游艺娱乐活动，基本上沿袭

了古老传统的方式方法，但又融进了许多新的内容，从而使得传统、古老的文化娱乐活动的内容更加充实，且日臻丰满。

每逢农历九月初九，从宫廷到民间，都有形式多样、内容丰富多彩的活动，形成别具一格社会风尚。

明代时，重阳节插茱萸、饮重阳酒，吃重阳糕，并以花糕供祭家堂、祖先已经成为一种习尚。此外还有登高、赏菊、围猎、射柳、放风筝娱乐活动。

明清时，北京地区重阳登高也很盛行。每逢农历九月初九，皇帝要亲自到万岁山登高拜佛祈求福寿平安，并观览京城风光。皇后妃子们则在故宫的御花园内，登临堆秀山登高眺望。

一些达官贵人、文人墨客，或登临自家花园的假山亭台，或在旧京城内外爬山登高。

那时，老百姓登高主要是赴西山八大处、香山、白塔寺、北海、景山五亭、陶然亭等地，一般全家或三五好友同行。

每年农历九月初九这一天，老少爷们儿提壶携榼，出城登高。登高地点的选择也是有讲究的，南城的可选择天宁寺、陶然亭、龙爪槐等处；北头的一般去看蓟门烟树、清净化域，跑远的可以去西山八大处；西城的可以就近去玉渊潭、钓鱼台等。那时的各个适宜登山的地点，都是人头攒动，盛况空前。

记叙清代北京岁时风俗的杂记的书《燕京岁时记》就记载了那时人们重阳登高的盛况：

> 京师谓重阳为九月九。每届九月初九则都人提壶携榼，出都登高。南则天宁寺、陶然亭、龙爪槐等处，北则蓟门烟树、清净化域等处，远则西山八处。赋诗饮酒，烤肉分糕，询一时之快乐也。

明清时人们九九登高，离城最近举行野炊的著名景点儿还有两处，南城的民众多在永定门外的燕墩，北城的民众多在德胜门外元大都北土城。此两处景点儿不但古雅，而且还有不同含义。

南边的多是民籍的南方人群，燕墩地处乾隆年北京

城的最南端，在此往南可拜家乡亲人。北城多是旗籍民众，在北土城向北遥拜家乡自然顺理成章。

不论文人百姓，都喜欢登高后在山上野餐、烤肉。有些贵戚富家则带上帐篷、烤具、车马、乐器，登高台、土坡，架起帐篷、桌椅，大吃烤羊肉或涮羊肉，并唱戏奏乐，听歌看舞。

如清末慈禧太后，每年重阳于北海东的桃花山登高、野餐、烤肉，并架蓝布围障，防止闲人偷看。在玉渊潭钓鱼台等处，也集中了不少登高之客。

野炊食烤肉必须用当地的松树枝、松塔儿点火烤调制好的牛肉片。饮酒虽说是菊花酒，但多是应景儿而已，人们还是喜欢喝味道醇厚的老白干。

烤肉可与我们想象的不一样，是用酱油、大葱、姜丝、精盐把牛肉片煨透，用良乡瓦窑产的黑沙炙炉儿或铁炙子。在炙子下面点燃的

松枝、松塔儿发出异香，烘烤着煨透了滋味的牛肉片，待快熟时加上香菜段儿或蒜片儿上盘。

有时也可以在上盘时加些香油，喜欢食醋的再加上些高醋，这样别具风味。此时若要再吟诗作赋，或清歌昆腔、岔曲自是快乐人生。

登高游玩必定离不开诗词歌赋、饮酒作乐。有豪气的老北京人，重阳节喜欢呼朋唤友，烤肉分糕，觥筹交错之间其乐融融。

南北同节同俗。在广州地区，游客在重阳日登上白云山，饮酒赋诗，热闹非凡，影响至今。上海附近无山丘，便把沪南丹风楼及豫园大假山作为登高雅集之所，也很热闹。

北京的香山、山东的牛山、江西南昌的滕王阁等，也都是登高胜地。尤其是滕王阁，因唐代王勃于重阳节时在阁上写出千古名文《滕王阁序》，更闻名天下。

由于重阳为秋节，节后草木开始凋零，所以有称重阳节野游活动为"辞青"，与三月春游"踏青"之说法相对应。

清潘荣陛《帝京岁时纪胜》记：

重阳有治肴携酌于各门郊外痛饮终日，谓之"辞青"。

《康熙天津卫志》中就记载了天津在重阳节期间的一些习俗：

> 九月初九重阳节，玉皇阁为登高处，城内水月庵与诸道
> 观观礼北斗，攒香丈余，焚之历昼夜。

天津志书还提到，在重阳节这一天还要插菊花。重阳节插茱萸的风俗，在唐代就已经很普遍。古人认为在重阳节这一天插茱萸可以避难消灾，或佩带于臂，或作香袋把茱萸放在里面佩带，还有的插在头上，大多是妇女、儿童佩带，有些地方，男子也佩带。

明清两代，玉皇阁是天津城最高的地点之一，在重阳节这一天，人们一般都来这里登高。

天津城虽然有鼓楼这个城中的制高点，也有很多人到鼓楼去登高、远眺，但更多的人选择了玉皇阁。

这主要是因为当时鼓楼四周都是住宅，视野不够开阔，而玉皇阁

面对着海河，四周一片开旷，令人心荡神驰，在三岔河口还可以看到海河美丽的秋色。

在天津，农历九月初九有吃切糕的习俗，也取其登高之意，也是人们长生不老愿望的一种体现。同时，在这一天，出嫁的女儿会被迎回家门吃切糕，又称"添秋膘"，团团圆圆地一家人在一起吃饭。

知识点滴

宋代的商业和工业都比较发达，因此在一些手工行业比较集中的城市，特别重视过重阳节摆重阳宴。

据记载当时徐州的手工业工人，多数是来自农村的。他们平素在城里干活，免不了牵挂着家中的庄稼活，但是重阳节一过，庄稼收获后，他们便无此后顾之忧了。

各个手工业作坊的老板深知这点，为了在黄金季节多创造产量、产值，几乎全市的手工业业主都利用过重阳的时候，犒赏一下工人、徒弟。不论菜孬、菜好总得摆重阳宴，让工人们美美地吃上一顿，喝足菊花酒，作为生产大动员。

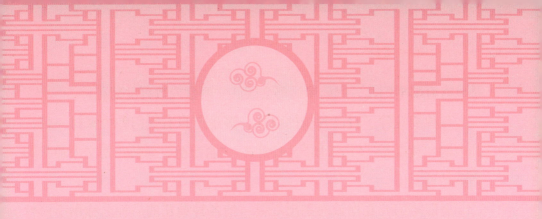

重阳节赏菊发展为菊花展

九九重阳插茱萸的习俗在南方比较普遍，在发髻上插菊花却是北方人对菊钟爱到极点的事情。

自九月初一大家便开始忙碌九九点景，京城无论富庶小康人家还

是皇宫府邸宅门儿，庭前屋后都会摆放一两盆或数百盆菊花。

各种菊花除了自己种植的以外，多是产自右安门外樊家村一带，其中的"黄金带""白玉团""旧朝衣""老僧衲"等菊花是文人最喜的高雅品种。

府邸宅门儿在摆放时别出心裁，把各种菊花的品种名称用小白竹牌儿用正楷写好以红绳拴挂，按照不同颜色以及花头大小组成峰峦叠翠的"九花山子"，至于福寿等吉祥图组也很别致优雅。

大茶馆还在院子里或铺面前堆起"九花山子"招揽顾客，有时还要提前书写广告"某某馆肆有九花山可观"。一般摆山多是按照万寿山形式，摆出佛塔、殿阁、楼台等造型。

北京的道教宫观在九九重阳均有祭祀，但这种祭祀却是为了一个女神而设立，自农历九月初一至初九为期九天的"立坛礼斗"。正日子就是九九，这位女神乃是北斗众星之母，称为"斗姆元君"。

九九是斗姆元君的诞辰，此法会又称之为"九皇会"。不但必须有九花献供，还要舍缘豆吃素斋。梨园行以及家属也必须食素斋祭祀斗姆元君，他们还自行在精忠庙举办九皇会，拜忏念经献戏酬神。

明代，在《陶庵梦忆》中记载有千家万户赏菊花的盛况：

> 兖州绍绅家风气袭王府。赏菊之日，其桌、其炕、其灯、其炉、其盘、其盒、其盆盎、其看器、其杯盘大觥、其壶、其帏、其褥、其酒；其面食、其衣服花样，无不菊者夜烧烛照之，蒸蒸烘染，较日色更浮出数层。席散，撤苇帘以受繁露。

直至清代，《燕京岁时记》则准确记载了一些大型的菊花展览：

> 九花者，菊花也。每届重阳，富贵之家，以九花数百盆，架度广厦中前轩后轾(轩轾，车前高后低叫轩，前低后高叫轾，比喻高低优劣)，望之若山，曰"九花山子"。四面堆积者，曰"九花塔"。

清代时，我国南方也有菊展，如《清嘉录》中记载在苏州赏菊活动说：

畦菊乍放，虎阜花农，已干盏百盂担入城市。居人买为瓶洗供赏者，或五器七器为一台，梗中置熟铁丝，偃仰能如人意。或于广庭大厦堆至千百盆为玩者，绉纸为山，号菊花山。而茶肆尤盛。

重阳节当日，人们经常赴天宁寺、景山、中山的唐花坞等地赏菊观景，北海、天坛、紫竹院、植物园等地的重阳节菊花展更是当年人们口口相传的盛事之一。

天宁寺位居广安门外，地势较高，可登临远眺京城，这里古树参天，植物繁茂，花团锦簇，尤以多姿貌美的菊花繁多而闻名古城，成为人们金秋登高赏菊游乐的好地方。

清代李静山的《增补都门杂咏》曾写道：

天宁寺里好楼台，每到深秋菊又开。

赢得倾城车马动，看花犹带玉人来。

　　另如《浮生六记》等书中也有赏菊之记载。同时，李时珍的《本草纲目》和王象晋的《群芳谱》对菊花都有较多记载。

　　《群芳谱》对菊花品种作了综合性研究，记有黄色92个品种，白色73个品种，紫色32个品种，红色35个品种，粉红22个品种，异品17个品种，共6类、271个品种，至少有16种花型。还有高濂的《遵生八笺》记录菊185种，并总结出种菊八法。

　　直至清朝，菊谱及艺菊专著更多，说明新品种不断增加，栽培技术陆续提高。在这段时期中，还出现较为频繁的菊花品种交流。

　　有陈昊子《花镜》、刘灏《广群芳谱》、许兆熊《东篱中正》、陆延灿《艺菊志》、闽延楷《养菊法》、徐京《艺菊简易》、颜禄《艺菊须知》、计楠《菊说》、吴仪一《徐园秋花谱》等。

　　《花镜》一书记载当时菊花有黄色的54种，白色的32

种，红色的41种，紫色27种，共计154个品种。

计楠的《菊说》载有菊花品种 233个，其中新培育的品种有100多个，并提出了菊花育种的方法。

清朝菊花品种日益增多，在乾隆年间还有人向清帝献各色奇菊，乾隆曾召集当时花卉画家邹一注进宫作画，并装订成册。在文人中画菊题诗，也蔚然成风。

菊花又叫黄花，属菊科，品种繁多。我国是菊花的故乡，自古培种菊花就很普遍。菊是长寿之花，又为文人们赞美作凌霜不屈的象征，所以人们爱它、赞它，故常举办大型的菊展。

菊展自然多在重阳举行，因为菊与重阳关系太深了。因此，重阳又称菊花节，而菊花又称九花。赏菊也就成了重阳节习俗的组成部分。

宋代《东京梦华录》卷八："九月重阳，都下赏菊，有数种。其黄、白色蕊者莲房曰'万龄菊'，粉红色曰'桃花菊'，白而檀心曰'木香菊'，黄色而圆者'金龄菊'，纯白而大者曰'喜容菊'。无处无之。"

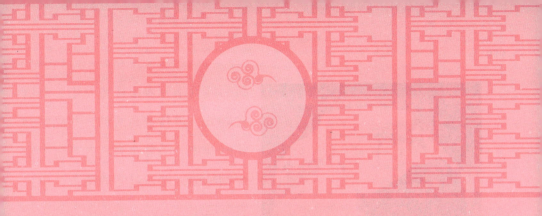

北方重阳食俗的传承与发展

明清两代，无论是宫廷还是民间，都非常重视重阳节。重阳节时，各地的地方名特食品、风味小吃，较之前代而言，花样品种更为繁多。

此时还出现了更多的专门记述、总结地方饮食文化发展情况的专著，还涌现出众多的烹饪专家，令人瞩目。

每年的农历九月时，宫中御前要进献菊花。且自初一日起，宫中帝后开始吃花糕。宫眷内臣则自初四起换穿重阳景菊花补子蟒衣。

九日重阳节时，

帝后要驾幸万岁山或兔儿山、旋磨台等处，进行登高活动，并品尝迎霜麻辣兔、喝菊花酒。九月宫中也要糟瓜茄，储备过冬的菜蔬，以供食享之用。

在民间，人们在重阳节进行登高之时，还要举行诸如饮用菊花酒、食用重阳花糕，又称寿糕等一系列的节日饮食文化活动。

各地风习虽略有不同，但活动内容均颇为丰富多彩。由于我国地域广阔，民族众多，因而到了明清以后，虽然重阳节各地都有登高、吃糕、赏菊等统一的习俗，但是北方与南方之间、汉族与少数民族之间，具体的过节形式又各有不同。

在北方，人们对重阳花糕的制作以及吃花糕都颇有讲究。如老北京人在过重阳节时，常常用登高、佩戴茱萸、赏菊、饮菊花酒、吃花糕、食烤肉、涮羊肉、吟诗作赋等方式来庆祝，以祈求平安健康。

北京城重阳吃花糕的习俗久远，随着制作花糕工艺日渐成熟，重阳花糕品种齐全、花样繁多。

北京的重阳花糕是用江米粉加水用屉布包起蒸熟，然后揉均匀，分成四块，再和一块面，把面拍成两厘米长的片放在案板上，抹一层豆沙馅，再铺一层江米面，用这种方法铺四层面、三层馅后，再放上煮熟的栗子、桃仁、瓜仁，要码严实后再撒上一层金糕丝、青梅。也有两层或三层的，中间夹桃仁、松子仁、温朴及青梅等果料。

早年间，京城南来顺的花糕是用黄色黍子面，即黄米面、白色江米面，一层黑色的豆沙馅，一共六层，看上去层次分明，颜色鲜艳。上面中间撒果料，如葡萄干、瓜子仁、金糕丁，四周边加放金糕条，看上去很是诱人。

到了重阳这一天，人们买回花糕后供于佛堂、祠堂，或作为礼品馈赠亲友，有的还要在上面插上五色小旗当标志。

如《帝京景物略》卷二记载：

> 九月初九，……面饼种枣栗，其面星星然，曰"花糕"。糕肆标纸彩旗，曰"花糕旗"，父母家必迎女来食花糕。

最简单的重阳糕，只是在家用发面饼夹上枣、栗等，也有的直接用江米、黄米面蒸成黏糕饼即可。

重阳糕的种类也很多，一类是饽饽铺里卖的烤制好的酥饼糕点，如糟子糕、桃酥、碗糕、蛋糕等；一类是四合院里主妇们、农村妇女用黄白米面蒸的金银蜂糕，糕上有花生仁、杏仁、松子仁、桃仁、瓜子仁。

此外，还有用油脂和面蒸的糕，将米粉染成五色的五色糕。也有的在花糕中夹铺着枣、糖、葡萄干、果脯，或在糕上撒些肉丝，再贴上"吉祥"或"福寿禄禧"字样，并插上五彩花旗。不仅民间风行制作吃食花糕，在清代宫廷里，重阳节时也要举行花糕宴。

说起老北京的重阳节，还有一个有趣儿的风俗。每逢农历九月初九，有出嫁女儿的人家必须备名酒、糕点、水果在天明时把女儿接回娘家，谓之"归宁父母"。

女儿回娘家后，还必须再由娘家人拿出片糕搭在女儿的额头上，一边搭一边还祝福女儿，所以重阳节又称为女儿节。

至于老北京的大杂院里那就更热闹了。到了农历九月初九那天，

夜幕降临，灯光闪耀，各家各户自带一种或两种吃食，聚到一起，饮着菊花酒、二锅头，吃着丰盛的饭菜，大家互相祝福着健康长寿、事事平安，大杂院处处洋溢着祥和的气氛。清代诗人、散文家袁枚在《随园食单》中说：

煮栗极烂，以纯糯粉加糖蒸上，加上瓜仁松子，此重阳小食也。

1864年甲子伴花斋所刻的《都门杂咏》中，有王嘉诚的诗写道：

中秋才过近重阳，又见花糕各处忙。

两夹双层多枣栗，当筵题句傲刘郎。

《故都食物白咏》诗云：

佳果嵌来枣作泥，重阳糕宴事堪稽。

登高好把新诗赋，何故刘郎不敢题。

知识点滴

在陕北一代，相传重阳节吃糕的习俗源自于明代康海中状元后的无意之举。

康海是陕西武功人，有一年，他刚参加完农历八月的殿试，就病倒在长安的一家客栈里，连自己高中了状元也不知道。报喜的报子在长安城遍寻不到康海，就日夜兼程将此喜讯送到康海的家乡武功，但此时康海尚未抵家。

家里没人打发赏钱，报子就不肯走，一定要等到康海回来。直到当年的重阳节，康海才病好回家，就蒸了一锅糕给报子作为回程的干粮，为了感谢家乡的父老乡亲，又多蒸了一些糕，分给左邻右舍。

因为这糕是用来庆祝康海中状元，所以后来有子弟上学的人家，也在重阳节蒸糕并分发给亲朋好友，以图讨一个好彩头，重阳节吃糕的习俗就这样传开了。

南方食蟹习俗中的轶闻雅事

大概从唐代开始，重阳又增添了食蟹的习俗。农历九月初九前后，人们重阳登高回来，自是疲惫，于是边饮酒边吃蟹边赏菊，解解乏，轻松轻松，再快活快活，给这天画个圆满的句号。

九九重阳前后，正值蟹汛，螃蟹又多又好，吃螃蟹属于天然之举，慢慢地相沿成习，积习成俗。

清朝著名的画家郑板桥在《留秋》一诗中写道：

左持蟹螯右持酒，

不觉今朝又重九；

一年好景最斯时，
橘绿橙黄洞庭有。

清代富察敦崇的《燕京岁时记》则写道：

扬州好，重九快我曹。

毫无疑问，重阳这天的螃蟹已经不只是普通的食物，而且成了传统文化的载体，如同农历正月十五吃汤圆、五月初五吃粽子等一样，曾经是过去很多地方和人家不可或缺的风物。

特别应该提到，曹雪芹《红楼梦》里的林黛玉说"对斯佳品酬佳节"，薛宝钗说"长安涎口盼重阳"，由此可以说明，直至清代，重阳佳节吃螃蟹已经普遍了，并且，螃蟹已经成了重阳佳节不可或缺的食物了。

也有此时的御制诗的序中说道：

陶潜盈把，既浮九酝之欢；毕卓持螯，须尽一生之兴。

古代文人重阳节爱吃螃蟹，更重要的是螃蟹内蕴美质、外露威武、出将入相、横行之象。

内则黄中通理，外则戈甲森然，此卿出将入相，文在中而横行匈奴之象也。

原来螃蟹乃是一种象征着飞黄腾达和风雅的食物。重阳时以良乡酒配糟蟹而尝之，最为甘美。

最有意思的是，过去长江三角洲城镇的商铺，主人往往在重阳节晚上宴请所有的伙计，这顿晚宴成为"螃蟹酒"。清代潘宗鼎《金陵岁时记》记载：

吾乡重九之夕，铺家沽酒剥蟹，以犒店伙。

同一时期的孔庆镕《扬州竹枝词》中也说：

紫蟹居然一市空，买来声价重青铜；东翁为劝茱萸酒，过却明朝上夜工。

此外，在浙江省绍兴当地有个民谣说：玄月九，湖蟹过老酒。

直至清代，姑苏、扬州、杭州、芜湖、南京、北京、长沙等地，一到重阳，除了居民自家吃蟹之外，还亲朋相邀，文人雅集，吃蟹赏

菊。古人有诗云:

> 不到庐山辜负目,
> 不食螃蟹辜负腹。

唐代唐玄谦的《蟹》诗道:

> 充满煮熟堆琳琅,
> 橙膏酱渫调堪尝。
> 一斗擘开红玉满,
> 双螯哕出琼酥香。

宋代诗人梅尧臣有诗赞蟹:

> 樽前已夺螃蟹味,
> 当日莼羹枉对人。

清代著名的文学家,艺术家
李渔说:

> 蟹之鲜而肥,甘而腻,
> 白似玉,而黄似金,已达
> 色、香、味三者之至极,更
> 无一物可以上之。

身世浑如泊海舟
累月不掀篷东篱
蝴蝶间来往
有写黄花过
一秋 天池

予嗜此一生，每岁于蟹未出时，即储钱以待，因家人笑予以蟹为命，即自呼其钱为买命钱。

著名学者章太炎曾卜居吴中，啖蟹之余，夫人汤国梨曾吟诗道：

不是阳澄湖蟹好，人生何必住苏州。

古往今来，重阳之日许多文人墨客啖蟹、品蟹、画蟹，为后人留下许多轶闻雅事，也为人们啖蟹平添了十足的韵味。

总之，重阳节的饮食都是健康的时令美味，但人们往往更注重是美食的精神层面。吃重阳糕有登高之意，饮菊花酒可祛病延年，高洁明志，食螃蟹更是对今年丰收的喜庆，来年富足的企盼。

知识点滴

我国有三大名蟹，地处苏皖两省的古丹阳大泽河蟹花津蟹、河北白洋淀河蟹胜芳蟹和江苏阳澄湖河蟹，即阳澄湖大闸蟹。

丹阳湖、石臼湖、固城湖、南漪湖以及周边地区一大片低洼湿地，面积近300万亩，这块横跨苏南和皖南，呈三角形的大湿地，因盛产河蟹而被称为河蟹"金三角"。

重阳节前后是吃蟹的最佳时机。俗语说："秋风起，蟹脚痒，九月圆脐十月尖。"九月要食雌蟹，这时雌蟹黄满肉厚；十月要吃雄蟹，雄蟹蟹脐呈尖形，这时膏足肉坚。

阳澄湖大闸蟹久负盛名，乃"蟹中之王"，历来被称为蟹中之冠。

重阳杂俗

重阳节这一天，人们赏玩菊花，佩戴茱萸，携酒登山，畅游欢饮，或祭扫祖墓、纪念先人，或蒸糕煮蟹、庆贺丰收，以各种形式表达对美好生活的向往。

我国疆域广阔、民族众多，各地区、各民族也都有自己的独特过节形式，这些颇具地方特色的重阳节习俗称之为重阳杂俗。

如江南人有在重阳日让妇女休息的习俗。明代刘侗《帝京景物略》："九月初九，父母家必迎女归宁，食花糕。"北京《大兴县志》则有："九月初九，父母家必迎女归宁，亦曰女儿节。"

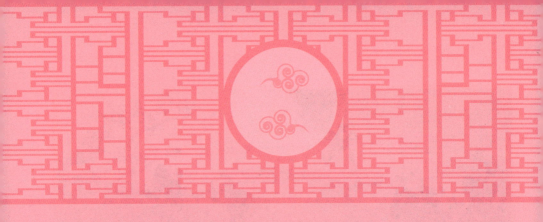

福建重阳祭祀妈祖祈求平安

　　福建重阳节的主要习俗是：登高、放风筝、食糕等，也有中秋祭祀妈祖的习俗。

　　在我国的东南沿海有信奉妈祖神的传说，沿海的人们每年在重大节日里都要祭妈祖，祈求保佑顺风和安全。

　　相传妈祖诞生于公元960年农历三月二十三，公元987年农历九月初九逝世。

　　妈祖降生时，邻里乡亲看见流星化为一道红光从西北天空射来，晶莹夺目，照耀得岛屿上的岩石都发红了。所以，父母感到这个女婴必非等闲之女，也就特别疼爱。因为她从出生至满月间都不啼哭，便给她取名林默，父母又

称她为林默娘。林默幼时聪明颖悟，长大后，矢志终身不嫁，行善济人。她精研医理，教人防疫消灾，且洞晓天文气象，熟习水性。

湄洲岛与大陆之间的海峡常有海难发生，遇难的渔舟、商船，常得到林默的救助，因而人们传说她能"乘席渡海"。她还会预测天气变化，事前告知船户可否出航，所以又传说她能"预知休咎事"，称她为"神女""龙女"。

公元987年农历九月初九重阳节这天，年仅28岁的林默与世长辞。这一天，湄洲岛上群众纷纷传说，他们看见湄峰山上有朵彩云冉冉升起，又恍惚听见空中有一阵阵悦耳的音乐。

从此以后，航海的人又传说常见林默身着红装飞翔在海上，救助遇难的人。因此，海船上就逐渐地开始供奉妈祖神像，以祈求航行平安顺利。

在福建莆仙沿海，每年的农历九月九那一天，乡民们多到湄洲妈祖庙或港里的天后祖祠、宫庙祭祀，纪念妈祖羽化升天的忌日，求得保佑。

福建的农历九月，秋高气爽，云淡山青，此时登临高处，瞩目水色山光，顿感心旷神怡，不失为一大乐趣。后人附会农历九月初九登高可消灾祛病，从此便相沿成习。每逢重阳，家家户户携男带女登高，于山容纳不了，便渐及屏山、乌石山及南台大庙山。

清代，随着风筝的快速发展，福州人把重阳节变成了独一无二的秋季风筝节。福州风筝形式多样，以"九连环"最为雄伟。"九连环"形如蜈蚣，剪彩为头，具百四十四甲，长达四五十丈，大绳系于山石上，乘风则需数十人挽之。

风筝在福州又叫纸鸢，福州方言"鸢"与"殃"类似，因此，有人在放风筝时故意将线弄断，任其飘落别处，认为这样便可免去不幸与灾殃。

道光年间，福州学者郭柏苍写的《乌石山志》，就记录了需要几

十个人一起放的大型风筝"九连环"，每年重阳节，福州城里城外都可以见到人们登上高地放纸鸢。在福州，放风筝以乌石山最盛，其次为大庙山，参加风筝小组比赛的，基本上是福州青壮男子，福州女不放风筝，她们上山，只为了看热闹。

厦门、漳浦、海澄、南靖、诏安、龙溪、长泰、平和、漳州、平潭、永泰、建阳、崇安等地，在重阳节时放风筝已成惯例。尤其是儿童，以长细绳系之，出郊乘风放纵，高飘入云，以为娱乐。

福建的重阳糕更是五花八门，福州的"九重粿"共9层，层层相连又可一一掀开，借符重九之意。中间夹七层糖色，寓意节节高和登高消灾。店铺出售时，将其切成菱形小块，上插红纸制的三角小旗，使人一望便知是重阳糕。

莆仙的人们沿袭旧俗，过重阳节时还要蒸九层的重阳米果。

此米果分9层重叠，可以揭开，切成菱角，四边层次分明，呈半透

明状，食之甜软适口，又不粘牙，堪称重阳敬老的最佳礼馔。

莆田除了有九层糕外，据明代周亮工撰写的笔记小说《闽酒米曲》记载，还在重阳这天采草为粬，"和米捣成如弹丸大"。

在福建有些地方还有"补重阳"的习俗。如在厦门，重阳节时要食羊肉以资调补；在诏安，人们认为重阳节是全年中进补的最佳日子，因此，这天许多人家都要杀鸡宰鸭，和上当归、川芎、党参等滋补中药炖着吃。

漳浦有重阳节吃西红柿的风俗，说是可以御寒。长汀的一些农村重阳节时兴吃板栗、炖母鸡。漳州的重阳节还要吃柚子、番薯、芋头、花生、西红柿，据说吃柚子可以补脑，吃番薯、芋头可以补筋骨，吃花生可以补脾胃，吃西红柿可以补心肺。

每逢佳节倍思亲。也有利用重阳登山的机会，祭扫祖墓，纪念先人的。莆仙人因重阳祭祖者比清明为多，故俗有三月为小清明，重九为大清明之说。与清明的祭坟，合称春秋二祭。

在莆田、仙游祭先墓如清明。仙游旧时习俗，重阳节祭祀祖坟的开支来自"介田"。"介田"指兄弟分家独立时分剩余的田产。"介田"轮流种，祀先之后若还有盈余，再按丁平分。

浦城旧俗，重阳日到祖先坟前焚烧楮帛，称为"送寒衣"。

在沙县、长乐也有"秋祭"的习俗。沙县还有"搭重阳"的活动，即由道家设坛，百姓等搭上疏，祈求全家福祉。永定的一些地方做米饭，备牲醴，祭祖敬神。

龙海等地民间重阳节时要用麻糍祭祖，还要用柚子、甘蔗、番薯、芋、红柿饼、花生等果品祀神，祭祀完毕后，供品要分给家人食用，还要用番薯皮、芋皮祭门槛，谓"剥鬼皮"。

在顺昌，民间有过"重阳关"之俗。这天，道士设道场作法事，头戴道冠，身披道袍，登坛诵经，吹龙角，击磬钟，请神求福。许多人家将自己家中16岁以下的子女开出生年月日时辰，交送神坛报名"斩关"，以保子女平安健康成长。

北方有谚语"晚麦不过霜降，霜降前，要种完"。江西赣州一带也有"霜降对重阳，来年饿死少年郎"的说法，古戏文唱道："霜降赶重阳，平地起战端"。

因此，在江南一带及其以南各地，粮食比较充裕的人家，怕北方的灾民、流寇哄抢粮食，就举家上山避祸，每家每户都不冒炊烟，告诉他人"我家也断炊了"，没有粮食给你们抢，而有些没有来得及离开的人家，因炊烟的出卖，导致被洗劫一空，因此就有了"霜降对重阳，十家烧火九家亡"的结局。

在重阳时节举家上山避祸，到后来在风调雨顺、太平盛世时节，就逐步演变成了"重九登高"的习俗。

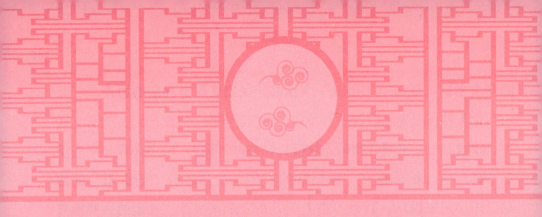

独特的重阳追节和枣上房

河北香河县的农历九月初九，有姻亲关系的家庭会互相送礼，称为"追节"。嘉庆时编著的县志《束鹿县志》就说：

九日，女家作枣糕馈婿、曰"追节"。

　　追节是准女婿在节日前一天向未来的老丈人家送节日礼物的一种礼仪，按照其风俗有这么几种物品是必须送的：竹凉席一床、扇子若干，扇子的数量是依女方家庭成员数而定的，有多少人就得送多少把扇子，此外还要有阉割过的大公鸡一只、粽子10个，其他可以随意。这追节礼仪，准女婿们只有结婚后才能免掉。

　　追节就是民间专门用来传递结婚信息的一个礼仪。乡下的青年男女们因为文化活动有限，大家在一起劳动的机会也不多，所以，恋爱必须得有人牵头，当这样的媒妁之言大功告成时，双方确定下了恋爱关系后，男方就得以办订婚酒的形式向人们予以公布。

　　从此以后，父母们别的事情都可以该省的则省，该略的则略了，唯有一件事父母们是必做的，这就是结婚前的追节。

　　其实，追节并不繁杂，就是男方父母觉得小孩子们已经到了结婚的火候了，并准备在下一年的重阳节前办婚事时，就利用这一个重阳节，让母亲陪着儿子，上一篮粽子，拎上一提鸭蛋，有些隆重和讲究些的人家，还要加上几斤肉等凑足八样礼，到女方家去以示告之。

若女方家父母承允了，则全部收下礼物，如不承允或因其他原因不能肯定回复时，亲家们又是面对面的不好直接回，就适当地退回一点粽子，使双方不至于面子上过不去。

如果今年"追节"不成功时，来年还得如法炮制，不然，到时候真的想办喜事了，要是不太省事的女方父母，就会以没追节为借口，多多少少地出一些难题给男方。

在河北永平府，则以重阳的天气占未来晴雨。重阳节若下雨，这几个日子就都会下雨。

河北曲周境内无山，县民多于重阳节上城楼登高。

在河北保定府的阜平县有"重阳枣上房"的习俗。阜平县盛产大枣，而重阳节用的蒸糕的红枣要经过长时间的晾晒才行。乡亲们一般在农历九月初九把红枣晒到房上，所以叫"重阳枣上房"。

到了重阳节前后，雨水少晴天多，利于红枣晾晒，红枣具备滋补气血功能，按乡亲们的说法，农历九月初九上房的红枣，吃了可以强壮身体活到99岁。还有个说法是重阳节上房的红枣酿造的酒味醇好喝。

红枣上房的场面很壮观。重阳节这天太阳刚露头，家家户户大人小孩全部出动，有的背着荆篓踩着梯子登上房顶，有的站在房顶上用绳子拴住篮子往房上拽，有的年轻小伙子力气大，干脆用簸箕往房上扬。

经过一个上午的劳作，全村的房顶全成了红色，就像盖上一张张大红的毛毯，这个景色站在村旁的山冈上看最美丽。

在河南信阳一带，每年到重阳节，当地人们喜欢全家围坐一起吃汤圆，街上有特色的餐馆还专门备有汤圆；在河南北部一些地区还有

"九月九，卸石榴"的谚语，当地凡种石榴的人家，习惯在此日采摘咧嘴笑的石榴吃，表示幸福美满，快快乐乐。

南阳等地的民间把农历九月初九当作老君的生日。传说中的老君小名为"哨"，他是道教的始祖，人们十分敬重他，所以重阳当日游乐时，一律忌吹哨子。清丰县的儿童在重阳节还以放纸鸢为戏，他们奔走在草地村边，快乐中充满童趣。

每年的重阳节前后，古都开封都会举办大型的菊花会。开封菊花会远在唐代就初具规模。唐代诗人刘禹锡对开封菊花"家家菊尽黄，梁园独如霜"的描述就可见一斑。

在北宋时期，开封的菊花更是闻名遐迩。每逢重阳节，不仅民间有花市赛菊，而且宫廷内也养菊、插菊花枝、挂菊花灯、饮菊花酒，甚至还开菊花会。《东京梦华录》中就有赏菊游人"游情寓意不一而

足"之类的记载。

明清时代开封养菊、赏菊之风依然盛行，清代乾隆皇帝南巡来到开封禹王台赏菊时，就留下了"枫叶梧青落，霜花菊白堆"的诗句。

开封人酷爱菊花的传统习俗更浓。在每年农历九月的时候，养菊、赏菊者甚众，花市售卖菊花和沿街叫卖菊花则自成独特的风景。

西峡县同样以菊花远近闻名，号称"茂林修竹地，菊花茱萸乡"。西峡县地处豫、陕、鄂三省交会处，陆通秦晋，水连吴楚，山清水秀，历史悠久，文化灿烂。

据《西峡县志》记载，河南西峡县地处伏牛山腹地，伏牛山是"中华大地的脊梁"、长江黄河的分水岭、南北气候的过渡带。

它也是"全国山茱萸之乡"。隋唐时，因这里重阳节俗兴盛，菊花山声名远播，而专设"菊潭县"前后长达250多年。

据史料记载，唐代大诗人李白、孟浩然、杜甫、贾岛、白居易、

李商隐都曾到西峡菊花山登高赏菊，宋朝的苏辙、宋祁，元末大诗人元好问，都游过菊花山，并留下诗词36篇之多。

西峡县重阳乡是菊花和山茱萸的故乡，每到秋季，特别是重阳节前后，漫山遍野的金灿灿的野山菊和红彤彤的山茱萸，更是风景独具。这里的人们善酿菊花酒，喜吃重阳糕，爱用菊花枕，尊老、敬老之风代代传承。

每年九月九重阳节，家家户户都扶老携幼地来到户外，登高健身，对唱山歌，下棋吟诗，秋游赏景，其乐融融。重阳节是当地的传统民间节日，活动丰富，气息古朴浓郁。

茱萸雅号"辟邪翁"，重阳佩茱萸的习俗在唐代很盛行，人们认为在重阳节这一天插茱萸可以避难消灾。

重阳节佩茱萸，在晋代葛洪《西经杂记》中就有记载。重阳茱萸的目的在于除虫防蛀。因为过了重阳节，就是十月小阳春，天气有一段时间回暖，而在重阳以前的一段时间内，秋雨潮湿，秋热也尚未退尽，衣物容易霉变。

但是在宋元之后，佩茱萸的习俗逐渐稀见了。随着人们生活状态的改善，人们不仅关注目前的现实生活，而且对未来生活给予了更多的期盼，祈求长生与延寿，所以"延寿客"菊花的地位最终盖过了"避邪翁"茱萸。

知识点滴

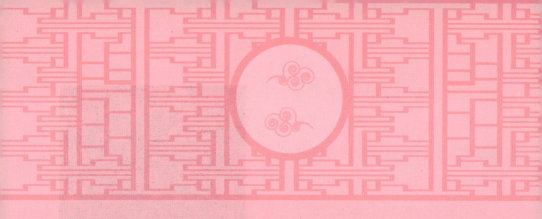

打围喝萝卜汤及裹栗粽吃横爬

在山东济南，每逢重阳节这天，人们都要到千佛山登高。自元代开始，这一天又被定为千佛山庙会，所以就更为热闹。

农历九月初九这一天一早，济南的人们都会赶来登山，时值深

秋，天高气爽，山前山后，盛开的野菊烂漫似锦，清香扑鼻。因此，站在"赏菊岩"上观赏菊花，遂成登山的一大乐事。

除赏菊外，济南人还有吃菊花的习俗，将白色的菊花瓣采下，蘸上面粉油炸食之。或者配上肉类做成菊花火锅，配之以菊花浸泡的美酒，在山上野餐，真是别具风味，清香无比。

在重阳节这天，济南人还要蒸枣糕吃。街上出售的枣糕，多用糯米和枣或小豆和枣做成，蒸熟后在街上现切现卖。

山东鄄城民间称重阳节为财神生日，家家烙焦饼祭财神。邹平则在重阳祭祀北宋政治家、文学家、军事家、教育家范仲淹。

在山东滕州，出嫁不到三年的女儿，忌回娘家过重阳节。在日照，重阳节时有吃大米干饭的习俗。

在平阴，重阳节则有打围的习俗。几十人或数百人，从日出前一字排开，手持短棍，从田野奔向山地，或从沟壑跑向丛林。人们呼叫

着以惊起野兽，一旦发现猎物，便用木棍投击。

击中猎物者，将猎物举过头顶，向众人宣布猎物归属已定，不必再抢。如果同时抢到，则互不相让，能抢多少是多少，只要"果实"不举上头，别人还会抢去。晚上，人们则以猎物为肴，饮酒乐之。

平阴北部的人去南部打围叫"打南围"，南部的人去北部打围叫"打北围"。平阴地域狭小，出县境打围是常有之事，但多在东、南、北部地区，西靠黄河，去西部者比较少。

重阳节是浙江绍兴"四时八节"之一，登高、赏菊、饮酒、插茱萸、食重阳糕的习俗在绍兴也一样通行。所不同的是，宋朝时，绍兴民间还有重阳节裹栗粽并相互馈赠的风俗。

至清代，食粽俗已不流行，而是代之以米糕，糕上还插五色小旗，以供儿童游戏。

在清《嘉庆山阴县志》中，也有"重阳登高，蒸米为五色糕"的记载。这些记载表明，重阳食五色糕的习俗在清代盛行绍兴一带。

　　不过，即使同属绍兴，各地重阳糕的做法也不同，如新昌重阳糕用糯晚米粉嵌栗蒸熟，吃时蘸红糖水，朴实无华，体现了新昌淳朴的民风。而绍兴县柯桥一带农村制作重阳糕时，则往往拌之以糖水桂花，还有些地方则裹之以红枣。

　　与北京重阳节要出嫁女儿"归宁"截然相反的是，旧时绍兴民间在过重阳节时却最忌互相拜访，除非亲友家有丧事，才往灵前哭拜。

　　旧时绍兴还有重阳节吃螃蟹的习俗。绍兴是水乡，又临海，重阳节前后正是螃蟹上市之时，此时的螃蟹肉嫩味美，价廉物美。因此，民谚说道：

　　　　清明螺端午虾，九月重阳吃横爬。

　　"横爬"就是螃蟹，这是绍兴人对它形象而又幽默的称呼。

　　在浙江新昌等地农村还有"九月初九农民节"之说，这一天，农家多做麻糍，买鱼肉，杀鸡鸭，办酒宴，称为吃重阳酒。

　　因为重阳节时当秋收，所以许多农民还会备了祭品，挑往田头，祭祀田公田婆，表示对当年庇佑感谢，也祈求对来年收成的保佑。

　　浙江桐庐县农历九月初九备猪羊祭祖，称为秋祭。同时也在重阳

节绑粽子，互相馈赠，称为重阳粽。

至于一直作为浙江首府的杭州，则有重阳登高的习俗，一般登城隍山或葛岭初阳台。杭州地方志《杭俗遗风》载，这一天，城隍山登高吃糖炒栗子、鸡豆，带游斗坛、文昌、关帝、火德等庙。

除登高外，重阳节时的杭州几乎家家食栗糕。杭州的重阳糕与其他地区的不同，是以糜栗粉和糯米拌蜜蒸熟，切斜方形，上插彩旗。插旗之风，南宋已有。

据《梦粱录》记载，杭州城重阳节时兴狮蛮栗糕，用五色米粉塑成狮蛮，簇插小彩旗，用捣为细末熟栗子肉加入麝香糖蜜拌和，捏成五色弹儿一样的饼糕小段，就做成了狮蛮栗糕。

知识点滴

浙江杭州另一登高圣地是葛岭初阳台。葛岭初阳台位于宝石山西面，相传东晋道教大师葛洪曾炼丹于此，他还常常为百姓采药治病，并在井中投放丹药，饮者不染时疫，他还开通山路，以利行人往来，为当地人民做了许多好事。

因此，人们将他住过的山岭称为葛岭。葛岭顶有初阳台，平面宽广。每年的九九重阳节，在初阳台观日出，霞光万道，半天俱赤，光景迷离，瞬息万变，景象极为壮观，成为当地人们最喜欢的登高场所，历来有"东海朝暾"之称。

山陕地区骑射尊师吃长寿面

　　重阳节在陕北正值收割的季节，白天里人们一整天的收割、打场，夜幕降临，月上树梢，家人们就三三两两走出家门，爬上附近山头，点上火，谈天说地，一直等到月上三竿，甚至雄鸡报晓才回家。

　　夜里登山，许多人都会摘几把野菊花，回家插在女儿的头上，以之辟邪。陕西西安或附近的人过重阳节登高的首选非大雁塔莫属，此塔是旧时长安第一高塔，乘兴登顶，能够一览长安城及郊区风光。

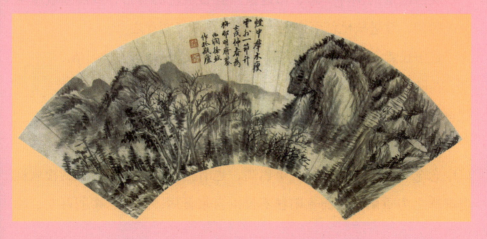

登大雁塔的习俗在唐代就很盛行，以后沿袭成风。也有借重阳节之机出游的，西安附近的白鹿原、神禾原、少陵原等地，都是首选的登山之地。

尤其是位于长安城东南方向的乐游原，更是因李商隐的《乐游原》一诗而出名。

向晚意不适，驱车登古原。
夕阳无限好，只是近黄昏。

每逢重阳节，唐代长安人携酒扶杖，联袂出城，登大雁塔眺远，吟诗弄墨。

在陕西，重阳节人们一般喝茱萸酒或菊花酒，主食吃臊子面、花糕馍。有的讲究的人家还做好多菜，摆宴席，隆重过节。

陕西南部的佛坪一带，每逢重阳有食糍粑的习俗，或用新收玉米磨成糯糊，放进核桃仁蒸成玉米浆巴馍，调蜂蜜食之。

咸阳长武一带，重阳节有蒸枣糕、包粽子馈赠亲友的习俗。

在陕北吴堡、横山一带在重阳节时，农家多食"枣糕"，又叫"自糕"，以软米、红枣制作，不用油炸。

在民间，每年农历九月初九天刚亮，父母会以片糕搭儿女头额，口中念念有词，祝愿子女百事俱高，也有把各地在重阳节吃的松软糕类都称之为重阳糕，而重阳糕不仅供自家食用，还馈送亲朋好友，称

"送糕"，或者请出嫁女儿回家食糕，称"迎宁"。

在陕西岐山、凤翔一带，重阳节吃长寿面是个老习俗。

宝鸡人虽天天吃面，但这一天的面要格外讲究些，面要揉得光，面条要切得细且长，浇上热汤，首先端一碗给家中的老人和长者。

老人们"哧溜"一碗细细长长的面条，似乎就从心理上满足了自己长长久久的长寿意愿。

端碗长寿面只是晚辈祈愿长辈长寿最平实的一种表达方式，西府人表达"孝"的方式也像一碗面一样朴实。

在西府地区很少树立像"二十四孝"之类的典型，因为，西府人认为尊重老人、孝敬双亲是普遍现象，是一个人基本的品格，当人人都是典型的时候，就不需要树立典型了。

要是谁家年轻人不孝敬老人、虐待老人会被亲友耻笑和斥责，大

家在交往中也会对不孝者避而远之，而特别孝顺的年轻人就会受到尊敬和赞赏，可见，西府人把"孝道"视为评定一个人品格的重要元素。

重阳庙会时，人们首先要做的，就是给家里的老人、长辈采买过冬的衣物。也要买一些蜜酒、山茱萸酒等，还会带回敬谢神灵、驱魔辟邪的祭祀器物。

在农历九月初九，人们身上要挂一包茱萸叶，出去采菊花。家家户户要制作九层重阳花糕，上插两只面羊，取谐音"阳"之意，或插刚刚采回来的茱萸或菊花。在吃饭的时候每家都要为老人炸油糕，取"尤高"之意。

在晋南的皇城村更是要连唱5天大戏，而戏的内容均为敬老、尊老之内容，如"杀狗劝妻"等，极具地方特色。

此外，当地还有此日占冬雪之俗，对村民来讲，此日喜雨忌晴，据说此日有雨，冬必多雪。

山西晋南地区自古就有农历九月初九登高的传统习惯。到了重阳节，饱览大好河山，观仰名胜古迹，成为节日的盛举。一直在民间传诵着"乾坤开胜概，我辈合登高"，"东风留不住，冉冉起峰头"，"九月欣新霁，三农庆有秋"等名句。

晋北地区则登高习俗淡薄，农历九月初九，年轻人常常去打兔子或山鸡，属于古代北方少数民族骑马练射的遗风。

也有逢节相邀结伴，携带佳肴，欣然出游。登高环视，天高气爽，云淡山清，枝头硕果，田园禾熟，往往陶醉忘返。

万荣县传统在稷王山举行庙会。赶会的人，都以登高为乐事。

山西还有重阳节尊师的习俗。到了农历九月初九，各村由学董牵头，组织村民杀一只羊做饭菜，盛情招待先生。同时商讨本村下一年的教书事宜，或继续留聘，或另请高明。

乡宁县这天学校一般要放假，由教师带领学生进行登山活动。家长们往往要乘兴观看，一块攀缘。都以登高作为一件乐事。

赏菊也是重阳节的一项传统活动。金秋时节，正是菊花盛开的季节。古人在赏菊之时，还习惯痛饮菊花酒。后来，不少人仍喜欢在这天饮菊花酒。多数是在酒中泡点干菊花。晋北一些地方，饮酒喜在门

外，称为辞青，意喻告别秋天。

城市在农历九月初九前后，习惯举办菊花展览，万人空巷，齐睹胜景。山西民间却习惯采一朵野菊花，插在头顶或戴在胸前。

在饮食上，山西农历九月初九吃枣糕，取意早日升高。晋东南地区及五台县等地，习惯吃寿面。晋南地区有"九月九，家家有"的民谚，意思是说这一天家家户户都要改善生活。

每年农历九月初九重阳这一天，山西阳城的皇城村与头南村、润城镇的上伏村仍保留着两镇三村同时举行"九九重阳庙会"的习俗。

在重阳节时，各家各户要向老人敬酒祝拜、看望问候、尽孝献爱。尤其是皇城村，自古就有九月九过重阳的传统习俗，至明、清两代，九九重阳祭祖敬老、登高望远、赏菊饮酒、吟诗唱词，蔚然成风。

重阳节当天的中午饭也很讲究，一桌饭菜荤素相间，软硬俱佳，几盘几碟均有规矩，其中糯米柿饼、红豆甜饭是必不可少的。

儿女专门为老人炸油角，馅分素荤两种。角内包括各种菜，为咸味，取"啥都有"之意。角内包各种豆类如红豆、小豆等，煮熟后与柿子、柿饼或枣和成泥状，为甜味，也取"啥都有"之意。

出嫁的女儿要给母亲、父亲送油角、油炸糕，还要给父亲送一双棉鞋、一双布袜，给母亲送一条香帕或做个卧兔。并定下九月初七一直至十一共5天内各家为老人应做的饭食菜谱。